A Ballerina's Tips

バレリーナ式
やせる姿勢

For Maintaining
Good Posture

佐川裕香

はじめに

想像してみてください。いい姿勢と悪い姿勢を、それぞれ、1年３６５日続けると、どんな体になるかを。

この本では、くずれた姿勢と正しい姿勢を私自身が再現しています。「このくずれた姿勢の写真は合成？」と思われるかもしれませんが、まぎれもなく、どちらも私です。同じ体形でも姿勢が悪いことで太って見えることが一目でわかるのではないでしょうか。

悪い姿勢を続けていれば、つけたくないところに肉がつき、見た目だけでなく、健康にも悪い影響を及ぼしてしまいます。

姿勢のクセは、無意識のうちに出るものです。３６５日24時間、ずっと正しい姿勢でいることはできません。私も背中を丸めてテレビを見たり、下向きでスマホを操作したりすることはあります。

でも大丈夫！　安心してください。できるときに意識して、こまめなリカバリーで体をととのえていきましょう。それをどんどん積み重ねれば、やがてきれいな姿勢へとつながっていきます。

やせたいという人は、姿勢を維持するための筋力も必要なので、そのために、ストレッチやエクササイズをしっかりと行なって、未来の体づくりをしていきましょう。

Contents

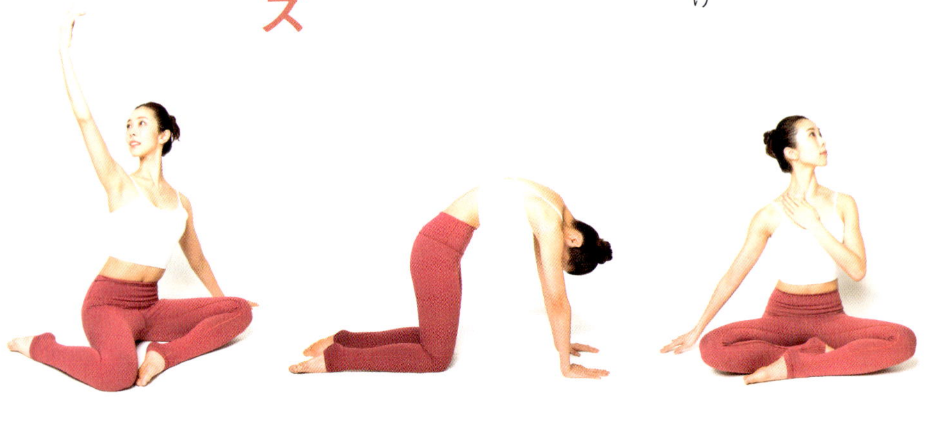

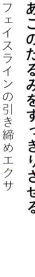

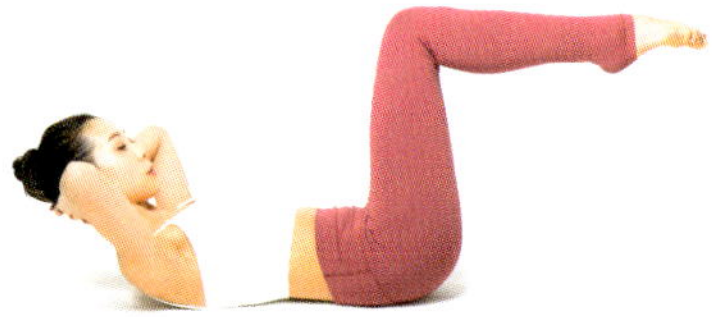

ブックデザイン…吉村 亮、
眞柄花穂、石井志歩（Yoshi-des）
撮影…難波雄史
ヘアメイク…枝村香織
イラスト…itabamoe
校正…根津桂子、新居智子
編集協力…鞍田恵子

つらい体重増減を乗り越えた私のダイエットヒストリー

私のダイエットヒストリーは、小学校６年生のころから始まります。

バレエを始めたのは５歳のとき。それからずっとバレエダンサーを目指してきました。小学生になると、大きいコンクールにも出られるようになりましたが、小学校６年生で身長が１６３㎝もあり、女性らしい体つきになるのも早かったので、いつも自分の体形にコンプレックスを感じていました。ダイエットを始めたのはそのころからです。

最初はお菓子をやめることくらいでしたが、思春期だったせいか、食べ物の好みが変わり、それまで苦手だった甘いものや脂っこいものを食べるように

左：中学校1年生のときに出場したコンクールでの1枚。このころからダイエットをするように。右：バレエを始めた5歳のころ。バランス感覚が悪く、走るのが遅くて逆上がりが苦手な子どもでした。

My Diet History

なってしまい、1カ月で5kgも体重が増加！　焦った私は過度な食事制限を始めましたが、ストイックになりすぎて、当時は本当にやせ細っていました。

海外留学してからも、食事制限を続けていたのでやせていたのですが、あるとき体重が3kg増えたことで「自分はダメだ」とパニックになり、1カ月でさらにマイナス7kgのダイエットをしました。

このときの私の体重は40kg。やがて心配した周りの人から「もっと食べなさい」と言われるようになり、今度は一気にプラス25kg！　最終的に体重は67kgになってしまい、気づけば心も体も疲れ果てていました。

体重の変動がとてもつらく、心と体のバランスがとれなくなった私は、予定より早く帰国し、1年ほど休養をしました。そんなときに出合ったのがフィットネスです。そこで、運動することの楽しさを知り、同時に自分の姿勢の悪さや正しい姿勢を維持するための筋力が足りないことを感じました。

左：海外留学中、ストイックに食べないダイエットで体重が40kgまで激減。右：体重40kgから67kgに激太りし、心も体もボロボロに。フィットネスに出合ったのはこのころ。

帰国してからもバレエダンサーになる夢は諦めていなかったので、オーディションを受けてバレエ団に入りました。そのころには、「やせなきゃ」という気持ちはなくなっていました。

ところがあるとき、立てないほどの足の痛みを感じ、検査の結果、長年の痛みの原因が骨折だとわかり、やむなくバレエ団を去ることになりました。

骨折の原因はおそらく、体がやわらかすぎて、意識していないときの姿勢が悪かったこと。そして、体重の増減が激しく、体のアライメント（骨や関節の並びのこと）が悪いまま長年踊り続けていたことだと思います。

その後、本格的にトレーニングや体のことを学び、指導者の道へ。今では、生徒さんの体形の悩みや体の不調がどこからくるものか、わかるようになってきました。最近は、InstagramやYouTubeにもチャレンジし、自分の経験を生かせるように、日々スキルアップに励んでいます。

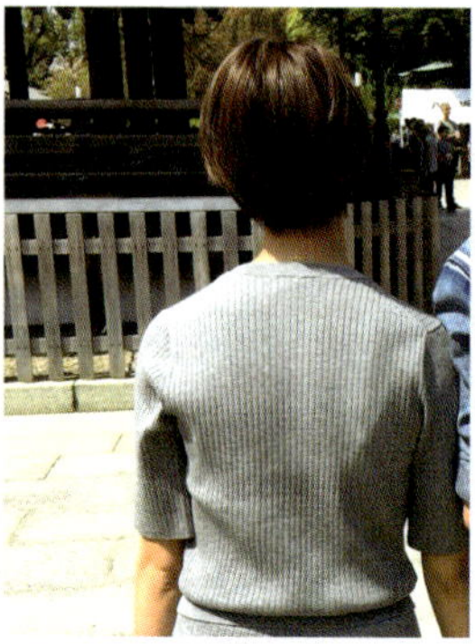

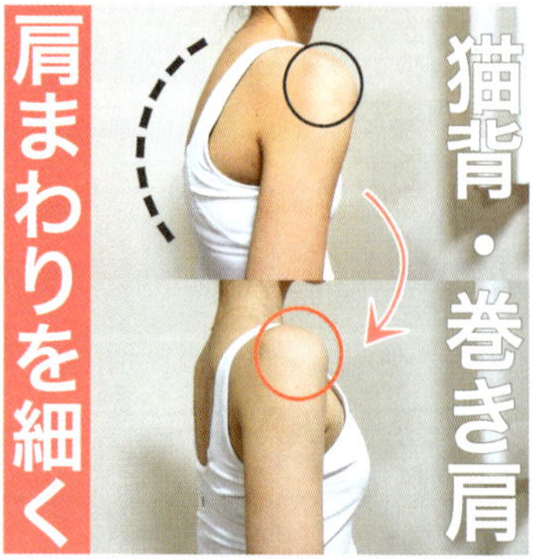

左：2017年、体重は今とあまり変わらないのに、姿勢の悪さからぽっちゃり気味に見えてしまいます。中央：2018年、まだ猫背だったときのスナップ。右：体のアライメントの違いをInstagramで公開。

姿勢を改善するとなぜやせる？

How To Slim Down

じつは体に負担をかけている!?
ラクな姿勢＝いい姿勢とは限らないわけ

そもそも姿勢が悪くなるのはなぜでしょうか。理由はその姿勢がラクと感じるからです。正しい姿勢を保つには、背中やお腹の筋肉を使うので、無意識に背中を丸めたり、お腹をゆるめたりして負担を軽くしようとします。**それを脳がラクと勘違いし、悪いクセになってしまうのです。**

問題なのは、ラクな姿勢だからといって、いい姿勢とは限らないことです。悪いクセのままラクな姿勢を続けていると、首や肩、腰に負担がかかり、疲れやすくなるだけでなく、腰痛や肩こりなど、健康面でも悪影響を及ぼします。

日常生活では、うつむいた姿勢でスマホを操作する、脚を組んで座るなど、姿勢を悪くする習慣がたくさんひそんでいます。1つ1つはふだんのちょっとした動作かもしれませんが、**長年積み重なると、悪いクセが定着してしまいます。**

姿勢を改善するにはエクササイズも大切ですが、まずは日常生活の動作を見直してみましょう。

日常生活にひそむ姿勢を悪くする習慣

自分に合わない
枕で寝る

脚を組んで座る

うつむいた姿勢で
スマホを操作

キッチン台に
お腹をもたれて
料理をする

ペチャンコ座り

姿勢改善でなぜやせる？「やせる姿勢」の仕組みを知ろう

「やせる姿勢」を手に入れるには、大きく分けて2つのフェーズがあります。

1つは、**柔軟性を高め、骨格を本来あるべき状態に戻して姿勢をととのえる**こと。もう1つは、**正しい姿勢を維持するための筋肉をつける**ことです。

つねに正しい姿勢を意識できれば、自然と筋肉がついてくるので、きっちりフェーズを分ける必要はありませんが、前述したように、人は無意識にラクな姿勢をとってしまうので、３６５日24時間正しい姿勢を意識し続けるのは無理なことです。

意識したときだけ姿勢を正しても、なかなか筋力アップはできませんし、そもそも正しいと思っている姿勢が間違っている可能性もあります。

それだけではなく、柔軟性や筋力不足によって体のアライメント（骨や関節の並び）がくずれるので、そのままの状態で運動してしまうと体に負担がかかり、ケガにつながることもあります。

人それぞれ骨格やクセが違いますので、まずは自分の姿勢をチェックしてみてください。そして、正しい姿勢を知り、気になる部位のエクササイズから取り組んでいきましょう。

エクササイズの効果を高めるためには、日常生活での姿勢を見直したり、必要に応じてストレッチを行なったりすることも大切です。**少しずつでもくり返し行なうことで、無意識に「やせる姿勢」がつくれるようになる**はずです。

How To Slim Down

「やせる姿勢」を身につけると、つねにお腹や背中の筋肉が使われている状態になるので、必然的に基礎代謝が上がります。さらに胸が開き、呼吸がしやすくなるため、深層の筋肉が働き、やせることができます。

また、姿勢がよくなることですっきりして見えるので、実際の体重より**「見た目体重」が減る**というメリットもあります。

何から始めたらいいかわからない人は、気になる部位のエクササイズから始めて、慣れてきたら徐々に増やしていきましょう。運動をしたことがない人は、ストレッチから始めるのがおすすめです。

「やせる姿勢」を身につけても、残念ながら、短期間で劇的にやせることはないかもしれません。けれど、つらいトレーニングや無理な食事制限をしなくても、**日常生活での何気ない動作がダイエット効果を生み、体の不調も改善されていく**のですから、こんなにうれしいことはないはずです。

エクササイズ中に意識したい 効果を高める呼吸法

エクササイズを行なうときは、鼻から吸って口から吐く呼吸法が基本です。姿勢と呼吸がととのえば、運動効果の向上や代謝アップにつながります。集中すると呼吸を忘れることがあるので、まずは息を吐くことを意識してみてください。しっかり息を吐けば、その反動で自然に吸うことができるので、吸うことは意識しなくても大丈夫です。

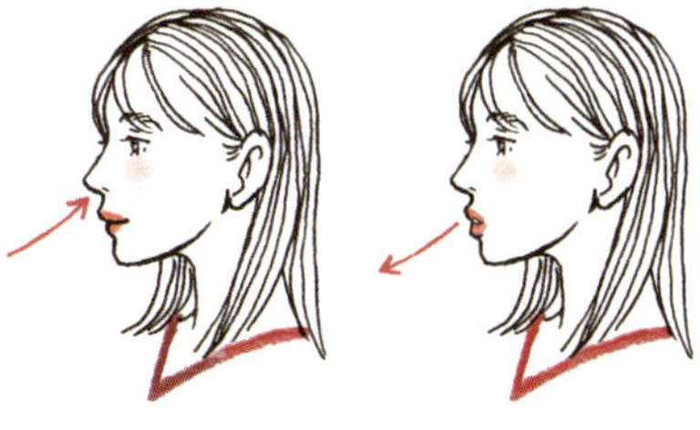

鼻から吸って口から吐く

まずは自分の姿勢をチェック！

姿勢のくずれは自分ではなかなか気づきにくいもの。一見、背筋が伸びているように見えて、じつは反り腰になっている人もよく見かけます。まずは、正しい姿勢かどうかをチェックしてみましょう。

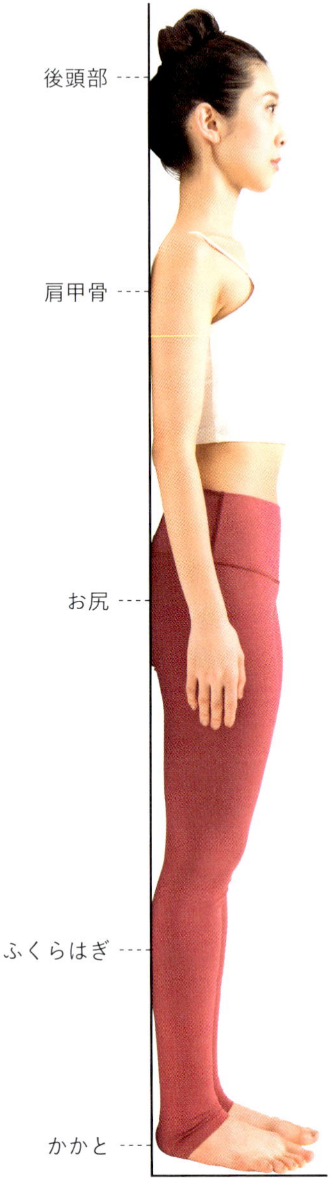

壁を使って姿勢チェック

壁に背中とかかとをつけて立ったとき、後頭部、肩甲骨、お尻、ふくらはぎ、かかとの５点が壁につくのが理想です。

OK

壁と腰の間に手のひら１枚分がギリギリ入る程度のすき間がある。

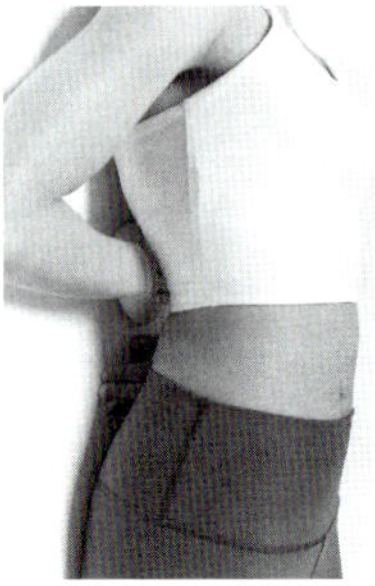

NG

壁と腰の間に手のひらが上下に２枚入ると反り腰の可能性大！

前から見ると……

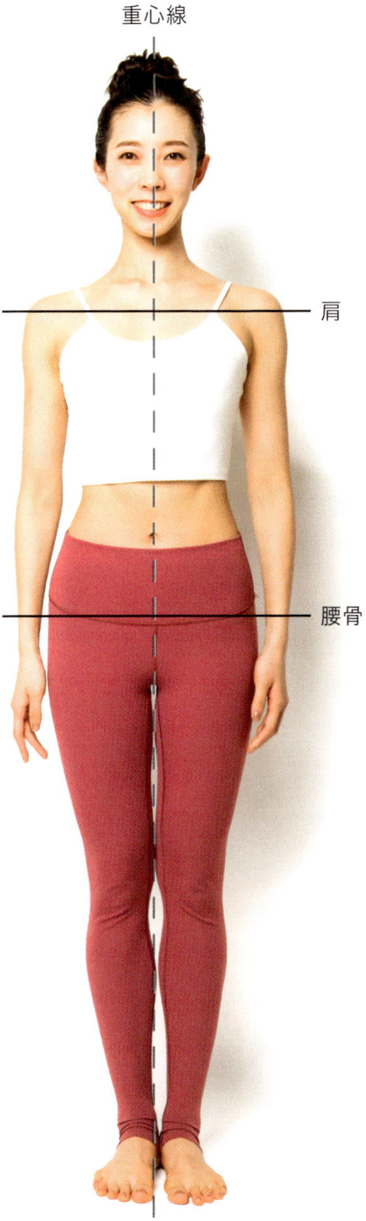

理想的な立ち姿勢

重心線が頭、首、背骨、骨盤の真ん中をまっすぐ通っていて、左右の肩と骨盤が、床に対して水平の状態。

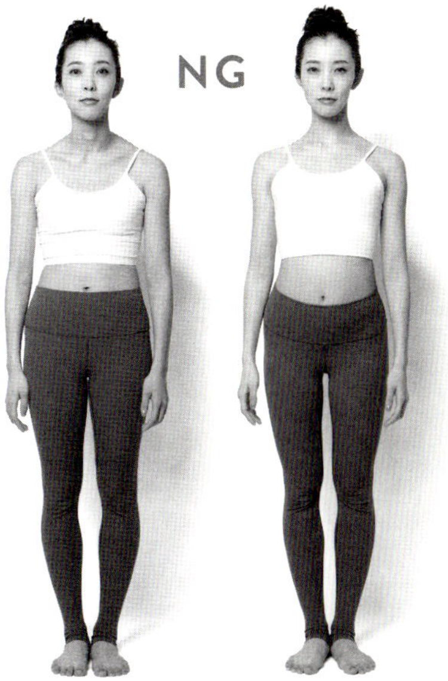

骨盤が後傾しているため、太ももの外側が張り、四角尻になりやすい。

骨盤が前傾しているため、前ももが張り、出っ尻になりやすい。

横から見ると……

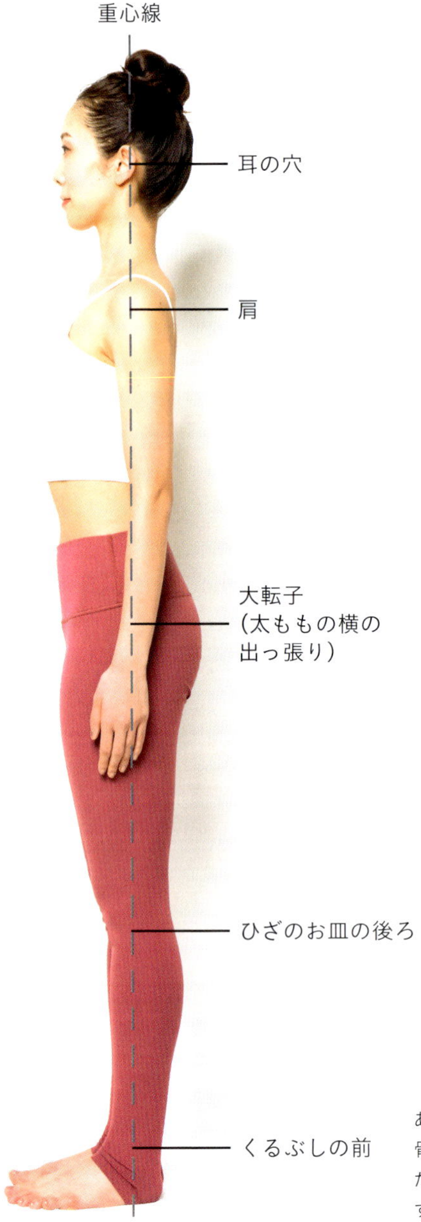

理想的な立ち姿勢

重心線が耳の穴、肩、大転子、ひざのお皿の後ろ、くるぶしの前の真ん中をまっすぐ通った状態。

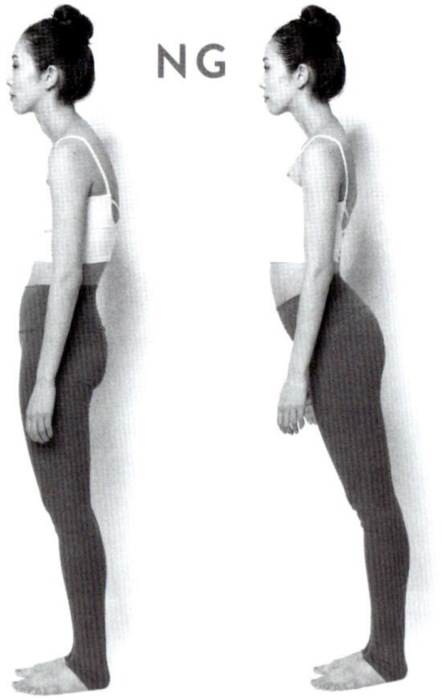

あごが前に出ていて、骨盤が後傾しているため、猫背になりやすい。

骨盤が前傾しすぎた反り腰の状態。下腹がぽっこりしやすい。

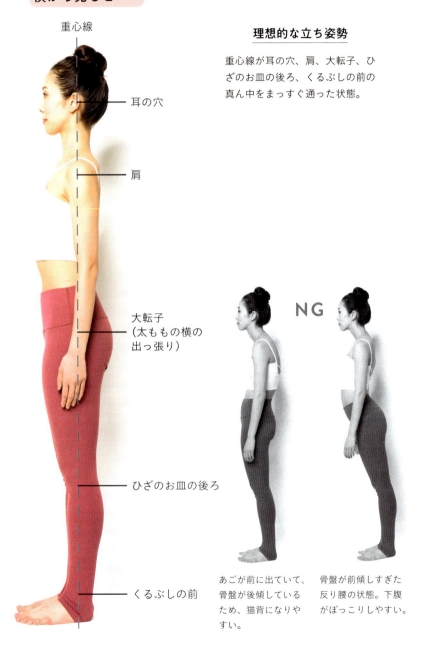

後ろから見ると……

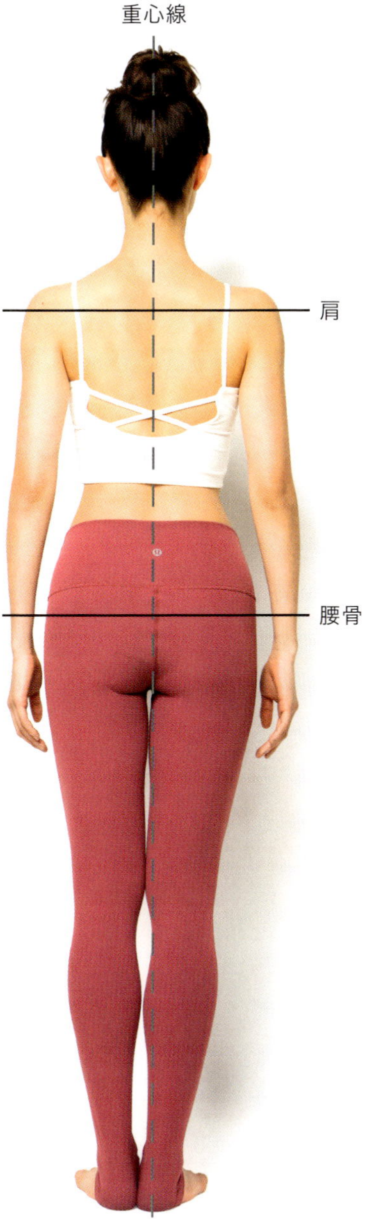

理想的な立ち姿勢

重心線が頭、首、背骨、骨盤の真ん中をまっすぐ通っていて、左右の肩と骨盤が、床に対して水平の状態。

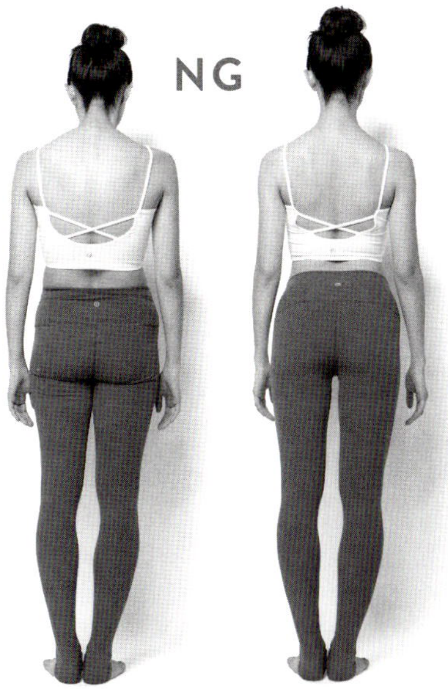

猫背で背中が丸く、骨盤が後傾しているため、四角尻になりやすい。

骨盤が前傾しているため、出っ尻やししゃも脚になりやすい。

あなたの姿勢はどれ？

姿勢は人によって千差万別ですが、実際に指導を行なった体験者の例をもとに、おすすめのエクササイズ＆ストレッチをご紹介します。

反り腰・下腹ぽっこりタイプ

美希さん（50代・自営業主婦）

この方は、太っているわけではなかったのですが、腰痛があり、下腹ぽっこり体形で悩んでいました。運動経験はほとんどなく、家でストレッチをする程度だったのですが、背骨全体を動かしたり、腰を丸めたりする動きを入れながらエクササイズを行なってもらったところ、**後傾していた骨盤が正しい位置に戻り、下腹部がすっきり引き締まりました。**反り腰が改善したことで、腰への負担が軽減し、悩んでいた腰痛も改善したようです。

1日1回行なったエクササイズ＆ストレッチ

1.猫背改善エクサ（P.41〜45）
2.背中と腰のストレッチ（P.114〜115）
3.お腹引き締めエクサ（P.47〜51）
4.背中引き締めエクサ（P.59〜63）
5.股関節と前もものストレッチ（P.108〜109、P.112）
6.お尻引き締めエクサ（P.71〜75）
7.下半身引き締めエクサ（P.77〜85）
8.プランク（P.86〜89）

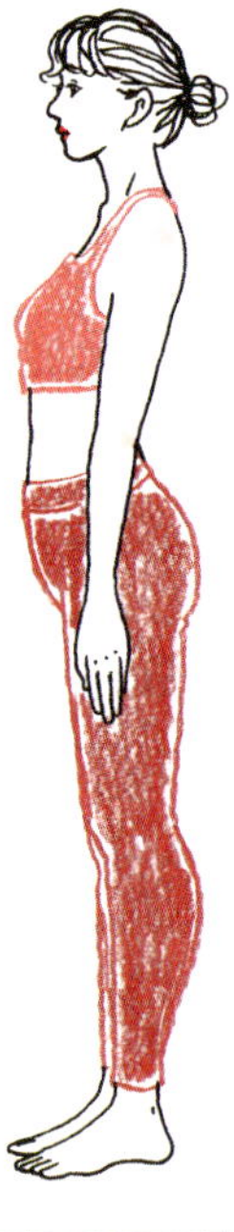

スウェイバック（骨盤後傾）・猫背タイプ

えり子さん（40代・パート主婦）

ダンスやバレエをしていた方なので、意識しているときは姿勢がいいのですが、ふだんは姿勢を維持できず、下にドーンとしずみやすいのが悩みでした。正しい姿勢を維持するには、体幹を安定させることが必要なので、**お尻やもも後ろ、背面のエクササイズを多くしました。**さらに股関節やもものストレッチを行なうことで体の使い方が変わり、疲れやすさも軽減。もともと細かった体形がさらに引き締まってスタイルアップしました。

1日1回行なったエクササイズ＆ストレッチ

1 .巻き肩改善エクサ（P.33〜37）
2 .デコルテ引き締めエクサ（P.39）
3 .猫背改善エクサ（P.41〜45）
4 .体側引き締めエクサ（P.69）
5 .背中と腰のストレッチ（P.114〜115）
6 .お腹引き締めエクサ（P.47〜51）
7 .背中引き締めエクサ（P.59〜63）
8 .プランク（P.86〜89）
9 .股関節、前もも、もも後ろのストレッチ（P.108〜109、P.111〜113）
10.お尻引き締めエクサ（P.71〜75）
11.下半身引き締めエクサ（P.77〜85）

全身ぽっちゃり巻き肩タイプ

真知子さん（40代・産後ママ）

この方は、産後に太ってしまい、リフレッシュとボディメイクのためにレッスンを受けに来ていました。小さいお子さんを抱っこするので、猫背になり、肩こりにも悩んでいたようです。子育て中のママは運動する時間も気力もなくなることが多いので、**集中的に行なえるエクササイズ**を選択。**食事を改善**しながら筋力をアップさせることで、徐々に体がすっきりしました。軽い運動はストレス発散になるので、忙しいママにおすすめです。

1日1回行なったエクササイズ＆ストレッチ

1.全身のストレッチ（P.108〜115）
2.フェイスラインの引き締めエクサ（P.31）
3.巻き肩改善エクサ（P.33〜37）
4.猫背改善エクサ（P.41〜45）
5.デコルテ引き締めエクサ（P.39）
6.体側引き締めエクサ（P.69）
7.お腹引き締めエクサ（P.47〜51）
8.背中引き締めエクサ（P.59〜63）
9.二の腕引き締めエクサ（P.65〜67）
10.お尻引き締めエクサ（P.71〜75）
11.下半身引き締めエクサ（P.77〜85）
12.プランク（P.86〜89）
13.バレエエクササイズ（P.90〜93）

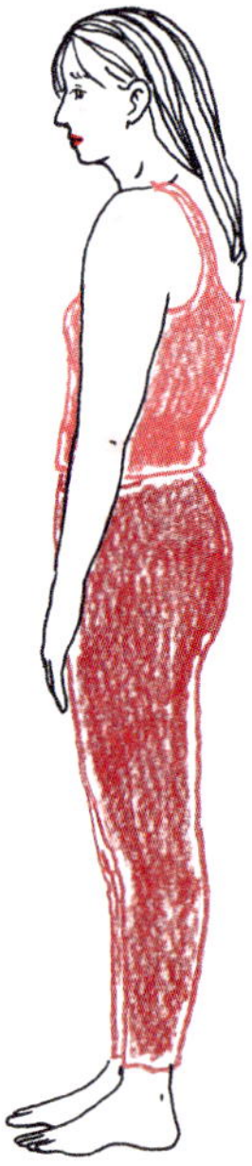

がっちり筋肉質タイプ

由美さん（30代・会社員）

空手、水泳、ウエイトトレーニングなどで体を鍛えていた方なので、肩や首まわりの筋肉が発達しすぎて、姿勢は悪くないのにゴツく見えてしまうのが悩みでした。筋力がある分、**自分が使いやすい筋肉ばかりを使ってしまうクセがあったので、いったんウエイトトレーニングをやめてもらい、上半身のエクササイズを中心に全身のストレッチを実践。**次第に体の使い方が変わり、ボディラインも徐々に女性らしく変化してきました。

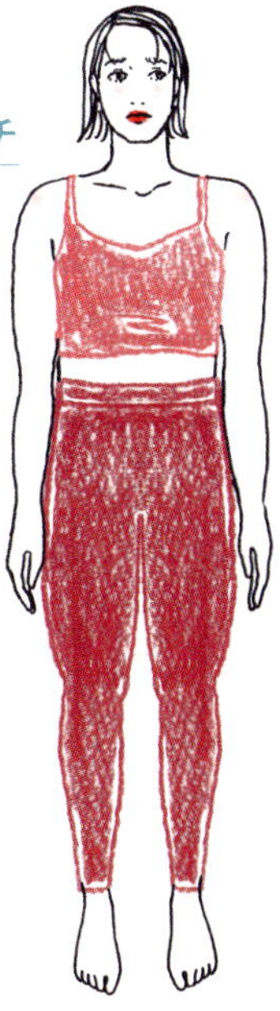

1日1回行なったエクササイズ＆ストレッチ

1.巻き肩改善エクサ（P.33～37）
2.デコルテ引き締めエクサ（P.39）
3.猫背改善エクサ（P.41～45）
4.二の腕引き締めエクサ（P.65～67）
5.お腹引き締めエクサ（P.47～51）
6.ウエスト引き締めエクサ（P.53～57）
7.背中引き締めエクサ（P.59～63）
8.内もも・もも後ろ引き締めエクサ（P.77）
9.ふくらはぎ・足首引き締めエクサ（P.84～85）
10.バレエエクササイズ（P.90～93）
11.全身のストレッチ（P.108～115）

姿勢改善でこんなにいいことが！

Benefits of Good Posture

姿勢がよくなることで心と体にもたらされること

姿勢がよくなるとダイエット効果が得られるということは、P.12の「姿勢を改善するとなぜやせる？」でお伝えしましたが、ほかにもたくさんのメリットがあります。

健康面では、姿勢がよくなることで、特定の部位だけに負担がかからなくなるので、**肩こり、首こり、腰痛が解消。内臓が本来あるべき位置に戻り、内臓の働きも活性化**します。

また、正しい姿勢を維持するためには筋肉を使う

- □ 肩こり解消
- □ 腰痛改善
- □ 内臓の活性化
- □ 呼吸がしやすくなる
- □ 心身のリラックス
- □ ポジティブになれる

ので、**代謝が上がってやせやすく**なったり、血液の循環がよくなって**冷え性やむくみが改善**したりするメリットも。筋肉がついて骨格が安定すれば、手足が使いやすくなるので、**疲れにくくなる**うえ、余分な力が抜けて**ケガをしにくくなります**。

さらに、猫背や巻き肩によって縮まっていた胸が開いて呼吸しやすくなるので、心身をリラックスさせる副交感神経の働きがよくなり、**気持ちもポジティブに切り替わります**。

姿勢が変われば、見た目の印象も変わります。実際の体重よりやせて見えるだけでなく、姿勢がいいと、**堂々として見えたり、明るくはきはきした好印象**を持たれたりします。

悪い姿勢というのは、パンクした自転車のようなもの。いくら漕いでも疲れるだけで、なかなか前に進みません。パンクした自転車を整備するように、しっかりアライメントをととのえて、たくさんのメリットを受け取りましょう。

- □ 余分な力が抜けやすくなる
- □ ケガをしにくくなる
- □ 若く見える
- □ スタイルよく見える
- □ 堂々として見える
- □ 明るくはきはきして見える
- □ 新陳代謝アップ
- □ やせやすくなる
- □ 血液の循環がよくなる
- □ 冷え性改善
- □ むくみ解消
- □ 疲れにくくなる

A Ballerina's Tips

For
Maintaining Good
Posture

Exercises

体形別

バレリーナ式
やせる姿勢
エクササイズ

このエクササイズでいちばん大切なのは、正しい姿勢で行なうこと！　無理に大きく体を動かしたり、キープ時間を長くしたりするより、余分な力を抜き、骨盤を立てて行なうことが大切です。動きと呼吸を合わせるのが難しい場合は、自然な呼吸で行ないましょう。また、エクササイズを解説した動画が二次元コードやURLから見られますので合わせてチェックしてください。

まずは骨盤を立てて基本姿勢をつくる

やせる姿勢エクササイズは、骨盤を立てて行なうのが基本です。この姿勢は、立つ、歩く、椅子に座るなど、日常生活でも意識したいので、しっかり感覚をつかんでおきましょう。

背筋を伸ばす
腰は反らさない
お腹に力を入れる

骨盤を立てるとは

骨盤を立てるとは、骨盤が正しい位置にあることです。骨盤を立てずにエクササイズを行なうと、運動効果が下がるだけでなく、姿勢の悪化やケガの原因にもなります。

［あぐらの場合］

背筋を伸ばし、坐骨をしっかり床につけ、上半身をのせて座ります。無理に背筋を伸ばすことより、骨盤を立てることを意識しましょう。

［正面から見ると］

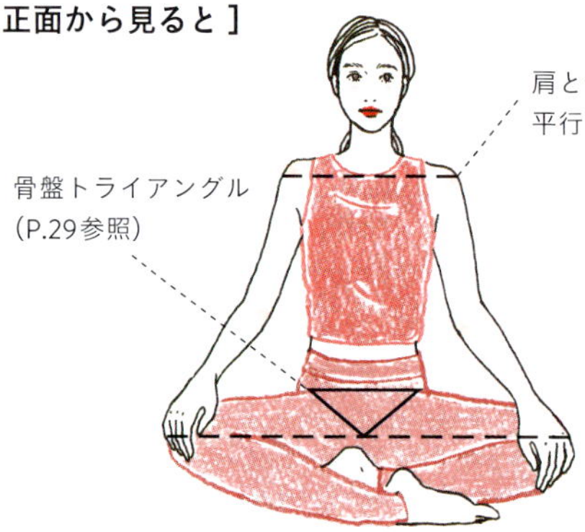
肩と骨盤は平行
骨盤トライアングル
(P.29参照)

お尻の下にクッションや折りたたんだバスタオルを敷いて座ると、骨盤が立ちやすくなる。

[四つ這いの場合]

両手を肩幅に開き、手首は肩の真下に、両ひざは握りこぶし１つ分開き、股関節の真下にひざがくるようにするのが四つ這いの基本姿勢。腰が反ったり丸まったりしないように注意します。

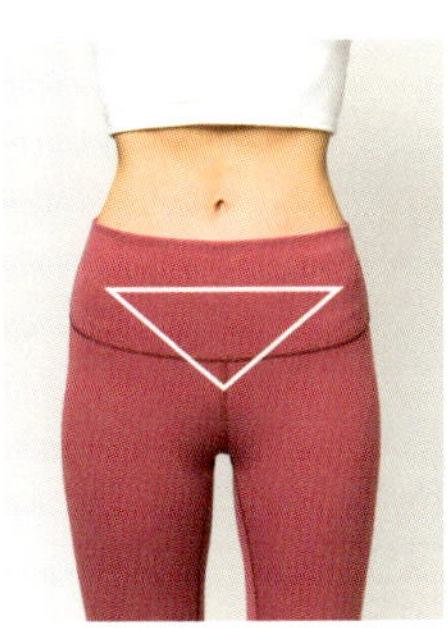

[骨盤トライアングル]

骨盤が正しい位置にあると、ASIS（骨盤の前側の左右に出ている骨）と恥骨を結んだラインがきれいなトライアングルを描きます。

動画も参考に！
https://youtu.be/T-90Tix1PN8

あごのたるみをすっきりさせる

くずれた姿勢

正しい姿勢

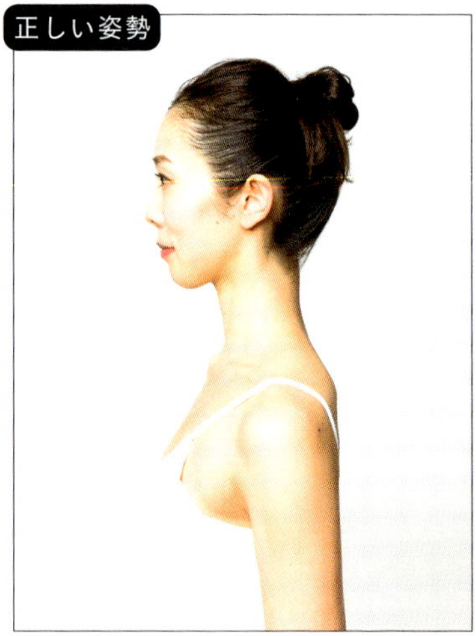

首の前と後ろの緊張をとり、あごを引く力をつける

うつむいた姿勢でデスクワークやスマホの操作をしていると、頭の重みで首がこり固まってきます。首の前と後ろが緊張して硬くなると、頭が前に出てあごを引く力が弱まるため、二重あごの原因に。ふだんの生活でも前かがみで家事をしたり、子どもを抱きかかえたり、下を向く動作が多いので、首の筋肉はつねに緊張状態。意識的に動かさないと、あごのたるみは加速してきます。

改善のためには、**首の前と後ろをしっかりゆるめ、首を正しい位置に戻す**必要があります。あごを引きたくても引くことができない人は、背中の筋力が弱っている可能性があるので、背中を引き締めるエクササイズ（P.59〜63）をプラスしましょう。背中の引き締めは、顔のリフトアップにもつながります。

フェイスラインの引き締めエクサ

首の緊張をゆるめるエクササイズ。硬くなりやすい後ろ側だけでなく、前側もしっかり伸ばすことで、胸が開きやすくなります。椅子に座って行なってもOKです。

回数の目安
左右5秒ずつ×5回

1 首の前側を伸ばす

骨盤を立てて座り、左手は鎖骨と胸骨、右手は床に置き、吸う息で鼻先を左斜め上に向ける。

目線は斜め上
ここに効く！
鎖骨と胸骨を左手で軽く押さえる
右手を軽く床に置く

2 首の後ろ側を伸ばす

吐く息で鼻先を下に向ける。鼻先を上下に向ける動作を5回くり返し、反対側も同様に行なう。

目線は斜め下

NG

×背中が丸まっている

首の後ろが縮まっているので、前側に効かない。

Shoulder

動画も参考に！
https://youtu.be/Vh9rtxEahzA

内巻きの肩を正しい姿勢に

ギュッと縮まった胸を開いて、巻き肩を解消する

長時間のデスクワークやスマホの操作など、日常生活のクセによって生じる巻き肩。巻き肩とは、胸まわりの筋肉が硬くなって、肩甲骨が外側に開いた状態。背中全体が曲がって見える猫背に対し、巻き肩は両肩を内側に巻き込んだような姿勢のことを指します。巻き肩は姿勢が悪く見えるだけでなく、肩こりや首の痛みなど、体のさまざまな不調を引き起こす原因にもなるので、放置は禁物です。

胸まわりの筋肉が硬くなるのは、腕を前ばかり使うことが要因なので、ここでは**腕を後ろで使うエクササイズ**を行ないます。より効果を高めるなら、背中を引き締めるエクササイズ（P.59〜63）も行なうのがおすすめ。あぐらの姿勢は腰が反りやすいので、お腹に力を入れ、薄いお腹をキープしながら行ないましょう。

巻き肩改善エクササ①

両腕を大きく開くことで、胸まわりの柔軟性を高めるエクササイズ。腕だけを動かしても効果が出にくいので、鎖骨を後ろに引く意識で胸を開きましょう。

回数の目安

10回

① 両腕を伸ばす

骨盤を立てて座る。息を吐きながら背中を丸め、両腕を前に伸ばす。

肩甲骨を開く
目線はへそ
ここに効く！
手のひらは
外向き

② 両腕を開く

背筋を伸ばし、息を吸いながら両腕を左右に開き、肩から腕をひねる。①～②を10回くり返す。

目線は斜め上
ここに効く！
腰を反りすぎ
ないように

NG

×あごが上がっている

首の後ろが縮み、肩が上がっている。

巻き肩改善エクサ②

腕を大きく動かしながら肋骨《ろっこつ》まわりをゆるめるエクササイズ。呼吸に合わせてリラックスして行なうことで、より効果が高まります。

1 両ひざを左に倒して座る

背筋を伸ばして座り、息を吐く。

目線は正面
手を軽く床に置く

回数の目安

左右5回ずつ

2 右腕を左側に持っていく

息を吸って、右の体側を伸ばす。

目線は左斜め下
ここに効く！
お尻が浮かないように

目線は右腕
ここに効く！
ここに効く！

3 右腕を上げる

息を吸いながら、胸を
正面に向ける。

目線は右腕
ここに効く！

4 続けて右腕を下ろす

息を吐いて腕を下ろす。
①〜④を５回くり返し、
反対側も同様に行なう。

NG

×腕に体重がのりすぎている
×骨盤が傾いている

腕だけを回していて肋骨が
動いていない。

巻き肩改善エクサ③

肩甲骨を無理に寄せようとすると肩に力が入ってしまうので、鎖骨を後ろに引くようなイメージで行ないましょう。手が届かない人はタオルを持って行なってもOKです。

手のひらは
外に向ける

① 後ろで手を重ねる

背筋を伸ばして座る。両手を
腰の後ろで重ねて息を吐く。

回数の目安

10回

[back]

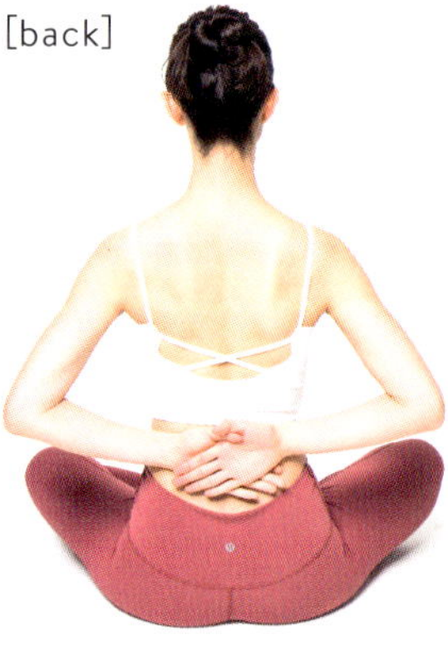

胸を開いて肩甲骨を寄せる

あごを軽く引く
肩甲骨を寄せる
ここに効く！
ひじは伸ばし
きらなくてOK

② 腕を引く

息を吸いながら手の甲を下に向けて手を合わせ、腕を斜め下に引き、3秒間キープする。
①〜②を10回くり返す。

[side]
ここに効く！

胸を開いて肩甲骨を寄せる

NG

×あごが上がっている
×腰が反りすぎている

動画も参考に！
https://youtu.be/RjCEGWBBsSU

埋もれた鎖骨をくっきり美しく

胸の前を開き、肩を正しい位置に戻す

太っているわけではないのに、鎖骨が埋もれて見えない人は、胸まわりの筋肉が収縮している可能性が。くっきりした美しい鎖骨をつくるには、**胸を開いてデコルテを引き締める**エクササイズが効果的です。

ただし、鎖骨がくっきり出ているからといって美しいとは限りません。理想的な鎖骨は、平行より少し両端が上がっています。無理に平行にしようとすると姿勢がくずれることも。V字形の鎖骨の人は、肩に力が入りやすいので、巻き肩や猫背を改善するエクササイズ（P.33～37、P.41～45）をプラスするのがおすすめ。ハの字形の鎖骨の人は、なで肩で上半身の筋力が弱い場合があるので、プランク（P.86～89）でしっかり体を支えるための筋力をつけていきましょう。

デコルテ引き締めエクサ

胸まわりの筋肉をほぐし、デコルテをすっきりさせるエクササイズ。肩が上がらないようにひじを体側にぴったりつけたまま、自然な呼吸で行なうのがポイントです。

回数の目安

10~20回

① ひじを曲げる

背筋を伸ばして座り、ひじを90°に曲げて脇を締め、息を吐く。

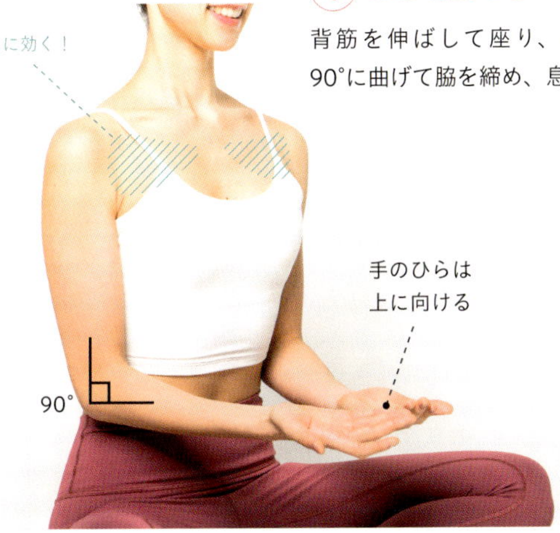

② 腕を開く

吸う息で腕を左右に開いて3秒キープする。①~②を10~20回くり返す。

×ひじが前にきている
×背中が丸まっている

胸が開きにくく、逆効果に。

動画も参考に！
https://youtu.be/EZ3nAootoas

背筋を伸ばして**猫背**を改善

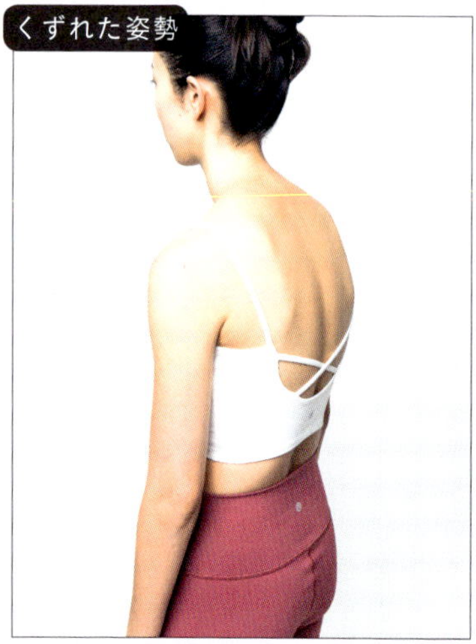

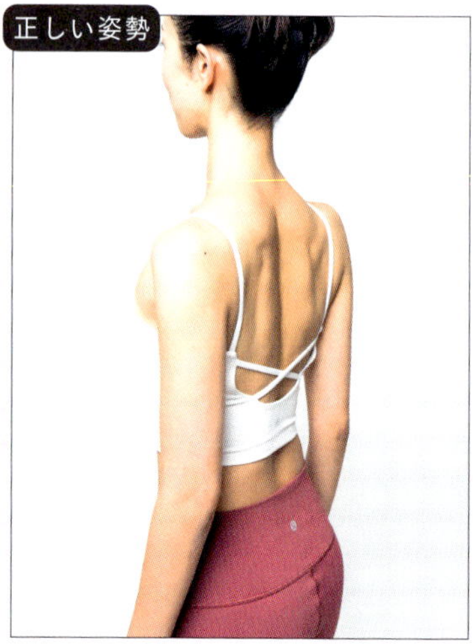

正しく伸ばして丸める動きで、背骨の柔軟性を高める

猫背の原因は体の使い方や筋力に関係しています。スマホやパソコンの普及で、現代人は体の前での動作が増え、背中の筋肉を使う動作が減っているため、背中がこり固まり、筋力が低下しています。猫背になると首や肩、骨盤に負担がかかり、肩こりや腰痛、血行不良など、体の不調を引き起こすことも。

背骨はもともとまっすぐではないので、**正しいS字カーブに戻していく**必要があります。猫背は背中が丸まっているので、丸まる動きは必要ないと思われがちですが、背骨の１つ１つを動かし、しっかり伸ばして丸めることで、背骨の柔軟性を高めることが大切です。S字カーブを維持するために、お腹と背中のエクササイズ（P.47〜51、59〜63）も行ない、筋力を高めていきましょう。

猫背改善エクサ①

ひじで床を強く押し、肩甲骨を開いて胸を丸めるイメージで行ないます。②の動きで、ももが床から離れると、背中の伸びが感じられないので注意しましょう。

回数の目安

10回

1 うつぶせになる

床にひじをつき、胸を持ち上げて息を吸う。

ここに効く！
目線は正面
足を骨盤幅に開く
へそを床から離す
ひじは肩の真下

2 背中を丸める

息を吐きながら両ひじで床を押し、背中を丸める。①〜②を10回くり返す。

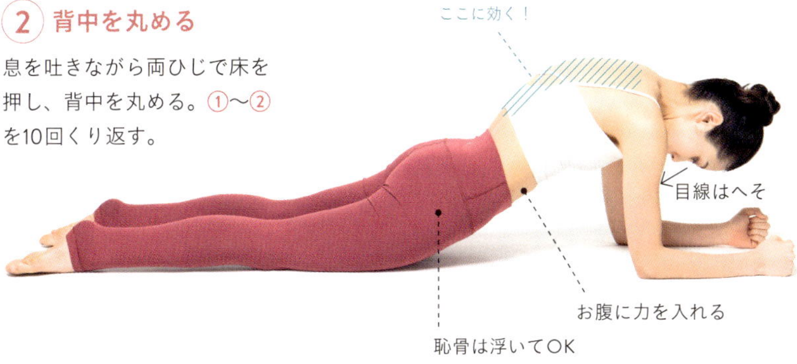

ここに効く！
目線はへそ
お腹に力を入れる
恥骨は浮いてOK

NG

×ひじで床を押せていない
×ももが浮いている

NG

×あごが上がっている
×体が沈んでいる

猫背改善エクサ②

固まった背骨を伸ばすエクササイズ。四つ這いの姿勢からしっかり骨盤と背骨１つ１つを動かすことがポイント。反り腰改善も期待できます。

回数の目安

3回

① 四つ這いになる

息を吸って吐きながらお腹を薄くする。

ひざは
骨盤幅に開く
肩幅に開く
ひざは
股関節の真下
肩の真下に手首

② 背中を丸める

続けて手で床を押し、骨盤と背骨１つ１つを動かして背中を丸める。息を吸いながら①の姿勢に戻る。①〜②を３回くり返す。

腰をしっかり丸める
ここに効く！
目線はへそ
ここに効く！
風船がふくらんで
いるようなイメージ

③ 手の位置をずらす

手の位置と上半身を右斜め45°に移動し、①〜②と同様に行なう。次に左斜め45°に移動し、同様に行なう。これを3セットくり返す。

NG

×ひじが内側に入っている
×腰がしっかり丸まっていない
×お尻が後ろに出ている

NG

×あごが上がって上体が沈んでいる
×腰が反りすぎている

猫背改善エクサ③

片方のひざを床につけ、骨盤の位置をキープするのがポイント。腕の可動域は狭くてOK。首がつらい人は頭の下にタオルや枕を入れて行ないましょう。

1 横向きに寝る

手のひらを合わせて息を吐く。

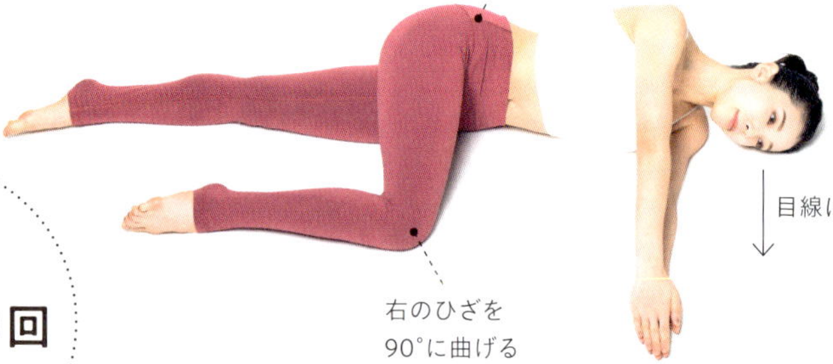

骨盤は床と垂直
目線は正面
右のひざを
90°に曲げる

回数の目安

左右5〜10回ずつ

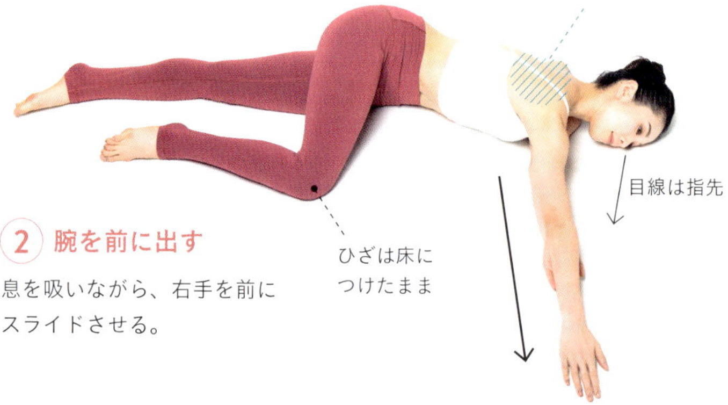

ここに効く！
目線は指先
ひざは床に
つけたまま

2 腕を前に出す

息を吸いながら、右手を前にスライドさせる。

ここに効く！
目線は指先

3 続けて右腕を斜め上に上げる

ここに効く！
目線は指先

④ 続けて円を描くように頭の延長線上へ腕を持ち上げる

ここに効く！
目線は指先
ここに効く！

⑤ 胸を開いて右腕を後ろに伸ばす

息を吐きながら後ろに伸ばす。①〜⑤を5〜10回くり返し、反対側も同様に行なう。

NG

×目線と腕の動きが合っていない

腕だけを回すと肩を痛めやすくなる。

動画も参考に！
https://youtu.be/emkkvcFNImE

ぽっこりお腹をぺたんこに

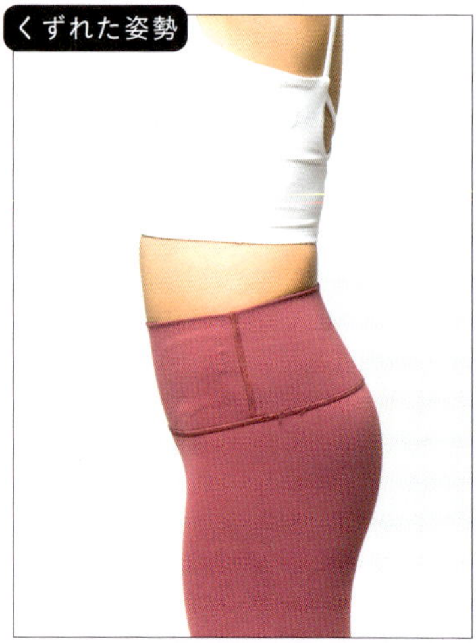

反り腰を改善して、下腹部をすっきり引き締める

ぽっこりお腹の原因は、骨盤のズレが大きく影響しています。なかでもやせているのに下腹部がぽっこりしている人は、反り腰の可能性があります。反り腰は骨盤が前傾した状態で、お腹の筋肉が伸びてゆるんでいるため、お腹を突き出したような姿勢になり、下腹部に脂肪がつきやすくなります。

反り腰を改善するために、まずは**骨盤を後傾させて腰を丸めるエクササイズ**を行なっていきます。**腰を丸めることでしっかり下腹部が使えるようになるので、骨盤が正しい位置に戻り、ぽっこりお腹が解消**。さらに、お腹や背中の筋肉を強化していけば、天然のコルセットになるので、腰痛改善も期待できます。反り腰を改善するには、日常生活での姿勢のクセも見直しましょう（P.98〜103）。

お腹引き締めエクサ①

腹筋を使って骨盤を後傾させるエクササイズ。この姿勢はお腹を鍛えるとき、腰への負担を軽減できるので、骨盤を後傾させる感覚をしっかりつかんでおきましょう。

回数の目安

3〜5回

1 あおむけになる

ひざを立てて、息を吸う。

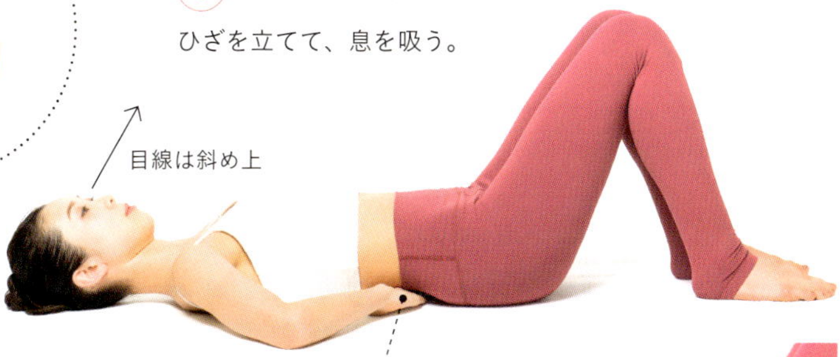
目線は斜め上
腰と床のすき間
に両手を入れる

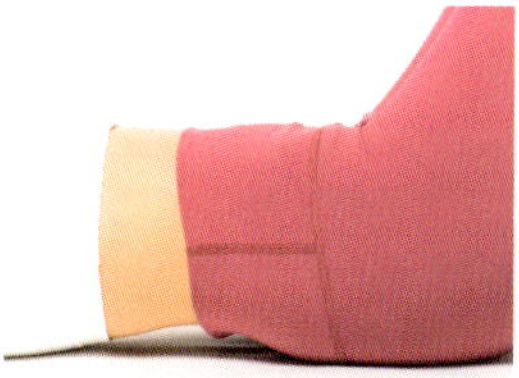

腰と床にすき間がある状態

2 骨盤を後傾させる

息を吐きながら、腰椎（腰）を手の甲に押しつけるように骨盤を後傾させて10秒キープする。①〜②を3〜5回くり返す。

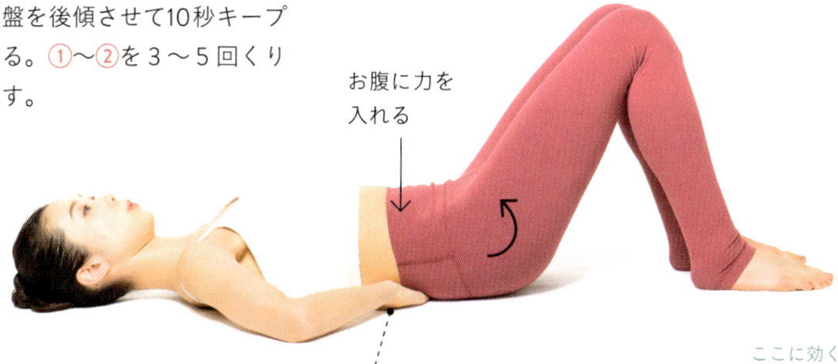
お腹に力を
入れる
手を引いても抜けない
ぐらい押す

ここに効く！

腰と床にすき間がない状態

お腹引き締めエクサ②

骨盤を後傾し、下腹部を引き締める動作。きつい人は片足ずつ下ろしてもOK。腰が反りやすいので、P.47のエクササイズを先に行なうと正しいフォームがつくれます。

回数の目安

3〜5回を
2セット

1 あおむけになる

脚を持ち上げて後頭部で手を組み、息を吐く。

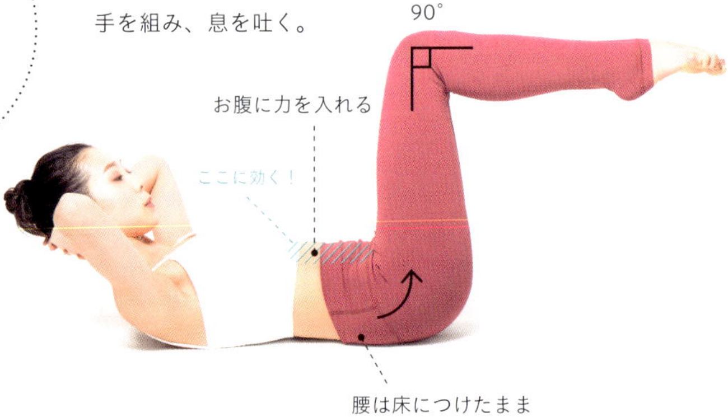

90°
お腹に力を入れる
ここに効く！
腰は床につけたまま

2 足を下ろす

息を吸いながら8秒かけて足を下ろし、息を吐きながら8秒かけて①の姿勢に戻る。これを3〜5回くり返す。

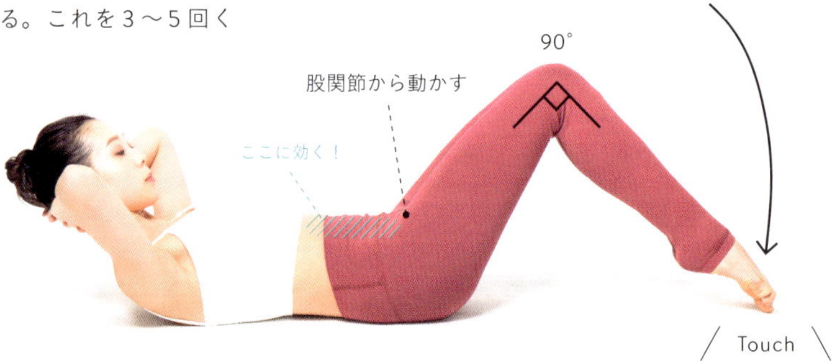

90°
股関節から動かす
ここに効く！
Touch

NG

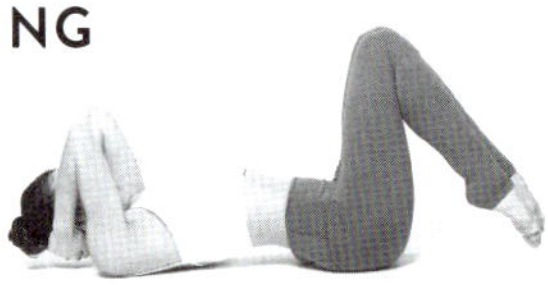

×首に力が入っている
×腰が反っている
×ひざ下が動いている

首が痛む場合

① あおむけになる

手のひらを床に向けて置き、
脚を持ち上げて息を吐く。

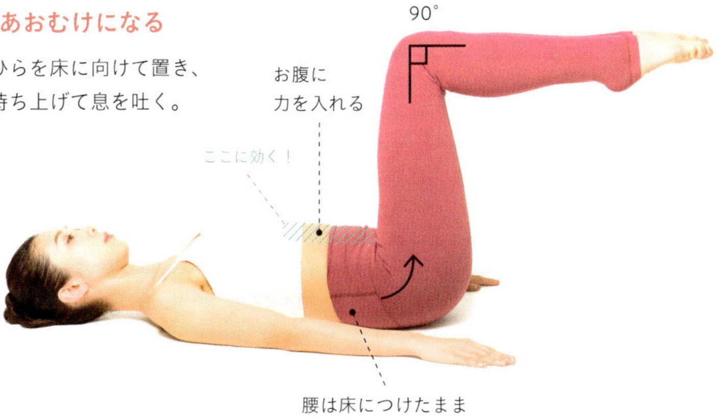
90°
お腹に
力を入れる
ここに効く！
腰は床につけたまま

② 足を下ろす

息を吸いながら８秒かけて足を下ろし、息を吐きながら８秒かけて①の姿勢に戻る。①〜②を３〜５回くり返す。これを２セット行なう。

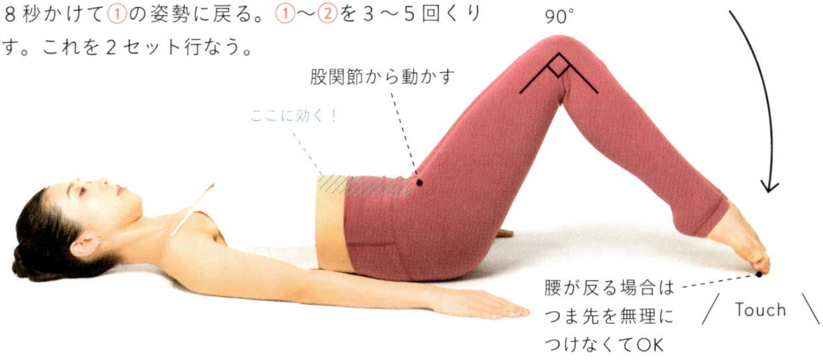
90°
股関節から動かす
ここに効く！
腰が反る場合は
つま先を無理に
つけなくてOK
Touch

NG

×腰が反っている
×股関節が使えていない

お腹引き締めエクサ③

骨盤を後傾し、腰椎を丸める動作（P.47）で行なうのがポイント。上体はリクライニングシートのように倒すのではなく、背骨を下から1つずつ動かして丸めましょう。

回数の目安

3〜5回

ひざと足は握りこぶし1つ分開く
手はもも裏に添える
90°

① ひざを立てて座る

背筋を伸ばして息を吸う。

お腹に力を入れる
足は床につけたまま
ここに効く！

② 背中を丸める

息を吐きながら骨盤を後傾し、背中を丸める。息を吸いながら①に戻る。①〜②を3〜5回くり返す。

応用編

① 腕を伸ばす

P.50の①〜②を行なったあと、
肩の高さで腕を伸ばし、息を
吐きながら背中を丸める。

回数の目安

3〜5回
を1〜3セット

② 腕を上げる

体勢をキープしたまま息を吸い、腕を上げる。①〜②を3〜5回くり返す。これを1〜3セット行なう。

NG

×足が浮いている
×背中がまっすぐ

動画も参考に！
https://youtu.be/qUBqc8nFiqY

寸胴体形からくびれたウエストに

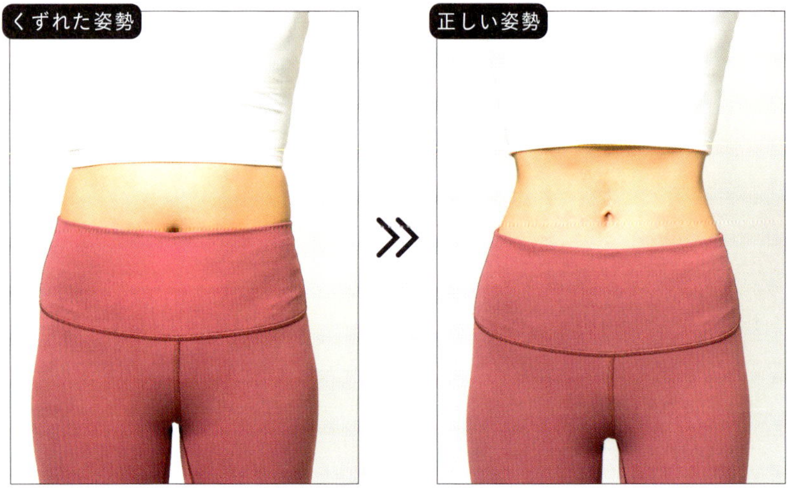

肋骨《ろっこつ》と骨盤の間を広げて、お腹まわりの筋力をアップ

本来、ウエストはくびれている状態が自然で、くびれがないという人は、肋骨と骨盤の間がつぶれてしまって四角いお腹になっています。この状態で、運動をしてもくびれはできません。まずは、**肋骨と骨盤を本来あるべき位置に戻して距離をあけ、お腹まわりの筋肉を鍛える**ことが必要です。

そのためには、上体をひねったり真横に倒したりする動作が効果的。骨盤を安定させ、口からしっかり息を吐くことで、より引き締め効果が高まります。肋骨と骨盤の間を広げるには、一度手を組んで腕を上げ、伸びをしてみましょう。その薄いお腹の状態のまま両腕を下ろし、肩の力を抜いてから始めると正しい姿勢でエクササイズを行なうことができます。

ウエスト引き締めエクサ①

ねじる動作でウエストのくびれをつくるエクササイズ。ひざ立ちになることで、動きやすい骨盤を安定させることができます。胸郭から上体をねじるイメージで行ないましょう。

回数の目安

10〜20回

① 背筋を伸ばしてひざ立ちになる

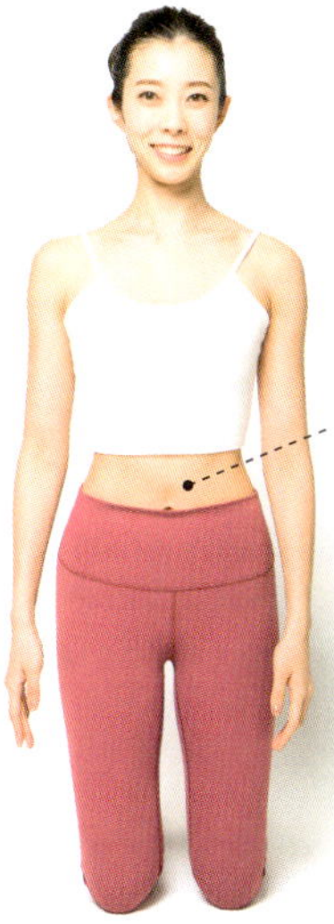

お腹を
薄くする

② 上体を左にねじる

息を吐きながら上体をねじり、息を吸いながら①の姿勢に戻る。

顔は上体の向きに
合わせる
ここに効く！
お腹を
薄くする
骨盤は正面

③ 上体を右にねじる

息を吐きながら上体をねじり、息を吸いながら①の姿勢に戻る。①〜③を10〜20回くり返す。

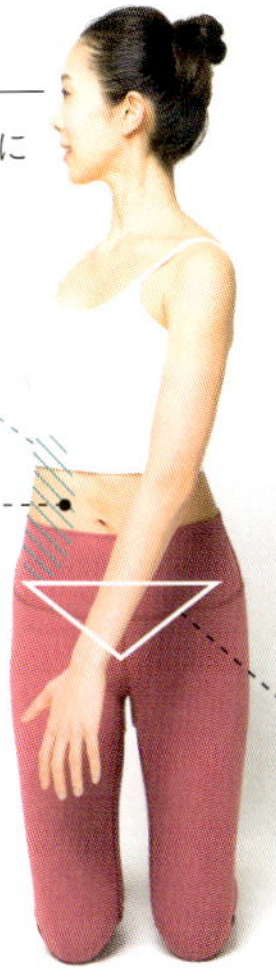

顔は上体の向きに
合わせる
ここに効く！
お腹を
薄くする
骨盤は正面

NG

×上体が前に倒れている
×骨盤が傾いている

体全体が動いてしまい、
お腹に効きにくい。

ウエスト引き締めエクサ②

上体を真横に倒し、体側を伸ばすエクササイズ。縮まったほうの体側の引き締めにもなっているので、筋力をアップさせながら余分な肉をすっきりさせることができます。

1 ひざ立ちになる

背筋を伸ばして息を吐く。

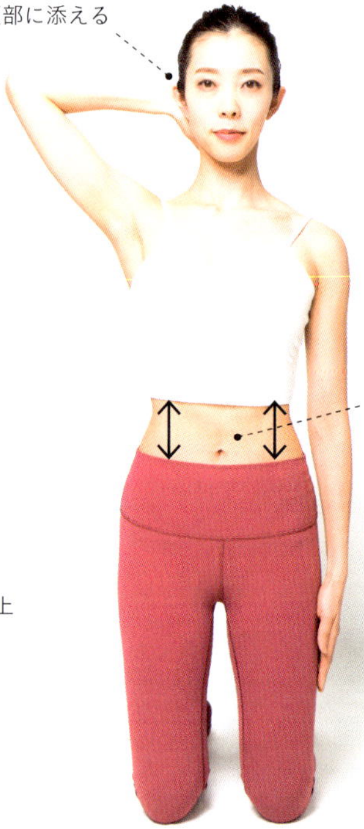
右手を
後頭部に添える
お腹を
薄く保つ

2 上体を左に倒す

息を吸いながら、上体を
真横に倒し、①に戻る。
①〜②を10回くり返す。

目線は右斜め上
ここに効く！
骨盤は正面

回数の目安

左右10回を
1〜3セット

③ 上体を戻す

上体を戻して腕を替え、
背筋を伸ばして息を吐く。

左手を後頭部に
添える

④ 上体を右に倒す

息を吸いながら、上体を
真横に倒して③に戻り、
③〜④を10回くり返す。
①〜④を１〜３セット行
なう。

目線は左斜め上
ここに効く！
骨盤は正面

NG

×上体が前に倒れている

ウエスト引き締めエクサ③

肋骨を大きく開いて体側を伸ばすエクササイズ。腕の動きに目線を合わせることで、可動域が広がります。骨盤を正面に向けて、上体を真横に倒すのがポイントです。

回数の目安

左右5回ずつ

目線は左手
手のひらは上
右手を床につく

1 横座りになる

正座の姿勢からお尻を右にずらして座る。背筋を伸ばして息を吐く。

目線は左手
手で床を押す

2 お尻を持ち上げて腕を上げる

息を吸いながら右手で床を押し、お尻を持ち上げる。左腕を肩の高さまで上げる。

③ 続けて左腕を頭上に上げる

息を吸いながら体側を伸ばす。

ここに効く！
体側を伸ばす
目線は斜め下
骨盤は正面
骨盤を高く持ち上げる

目線は左手

④ 腕を下ろす

息を吐きながら左手とお尻を下ろし、①の姿勢に戻る。①～④を5回くり返し、反対側も同様に行なう。

NG

×上体が前に倒れている
×腕に体重がのりすぎている

Back

動画も参考に！
https://youtu.be/ZHeee9dgJV4

老け見えする**背中の肉**を落とす

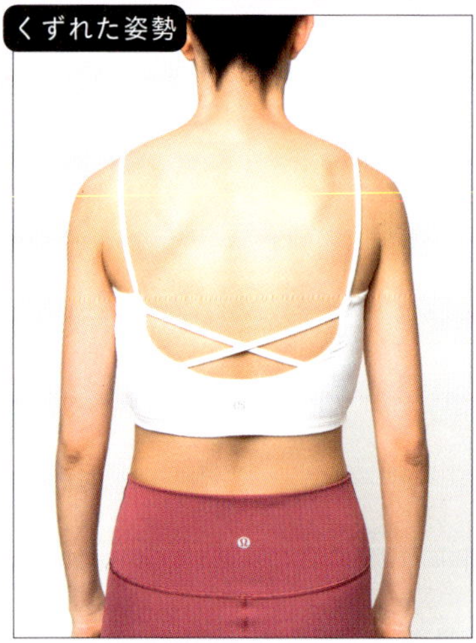

»

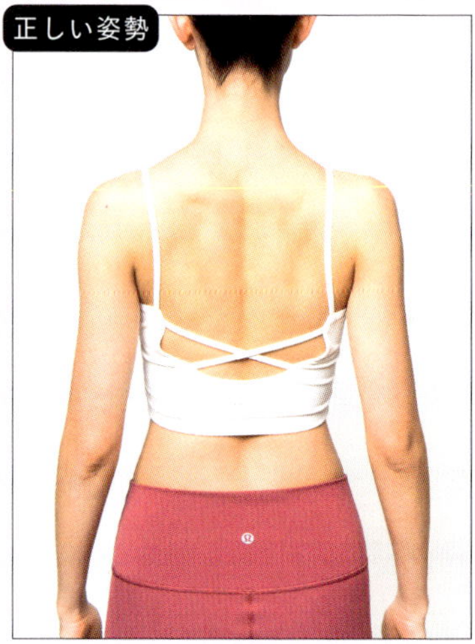

背中の柔軟性と筋力を高めて、お腹も引き締める

背中の肉は自分で見えないだけに、見て見ぬふりをしてしまいがちですが、日常生活であまり使わない背中の筋肉は衰えやすく、背中が丸くなったり、脂肪がついたりしやすくなります。背中が丸くなると、太って見えるだけでなく、老けた印象を与えてしまいます。また、首まわりが盛り上がり、首が短く見えたり、顔が大きく見えたりする原因に。

改善するためには、**背中の柔軟性を高め、背骨のS字を維持するための筋肉をつける**ことが必要です。正しい姿勢をキープするだけでも、背中の筋力アップにつながるので、日常生活でも意識してみましょう。体の後ろ側が引き締まれば、前側も引き締まって、お腹もすっきりしてくるはずです。

背中引き締めエクサ①

背中を反らし、丸まった背中を美しくするエクササイズ。腰が反りすぎないように、つねにお腹に力が入った状態で動かしていきましょう。

回数の目安

5～8回

① うつぶせになる

肩に力が入らない位置で手を床に置き、息を吐く。

握りこぶし
1つ分開く

② 上体を起こす

息を吸って、上体を起こす。

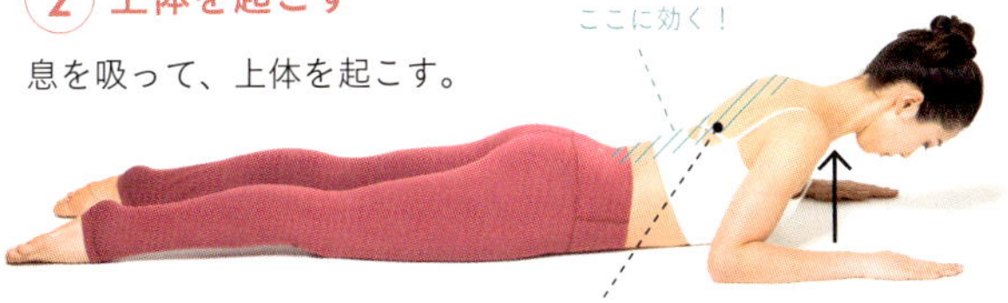
ここに効く！
背中の力で起き上がる

③ さらに上体を起こす

お腹が少し持ち上がるくらいまで上体を起こす。①～③を5～8回くり返す。

ここに効く！
腰を反り
すぎない
あごを
軽く引く

NG

×あごが上がり、首の後ろが縮まっている
×腰が反りすぎている

背中引き締めエクサ②

足の甲を床につけたまま、上体を持ち上げてキープ。上体は1㎝でも上がればいいので、反動をつけたり、腰を反らしたりせず、お腹と背中の力で持ち上げましょう。

回数の目安

10回を
1〜3セット

1 うつぶせで両腕を伸ばす

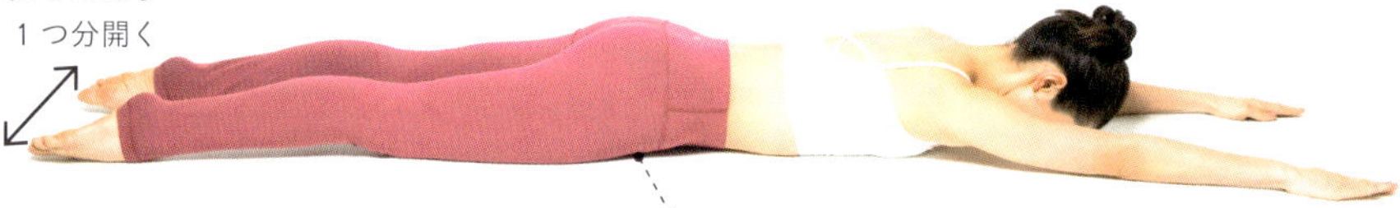
握りこぶし
1つ分開く
恥骨は床につける

2 上体を起こす

息を吸いながら、上体を起こす。

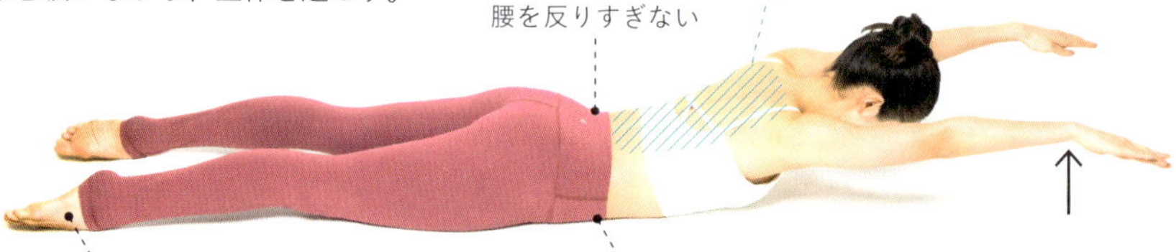
ここに効く！
腰を反りすぎない
足は床につける
お腹に力を入れる

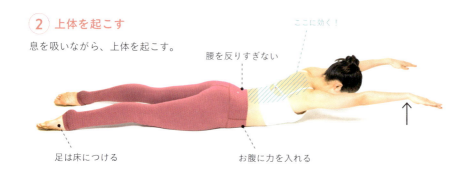

③ 両腕を肩の高さまで下ろす

上体をキープしたまま、息を吸いながら腕を左右に開く。

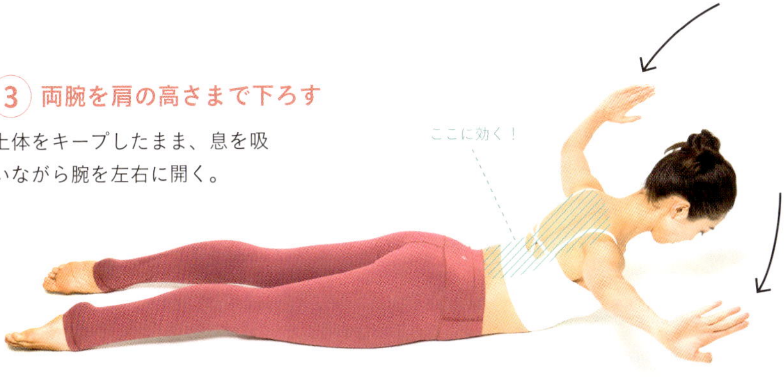

④ 腕を後ろに引く

上体をキープしたまま両腕を後ろに引く。息を吐きながら④→③→②の順に戻る。②〜④を10回くり返す。これを１〜３セット行なう。

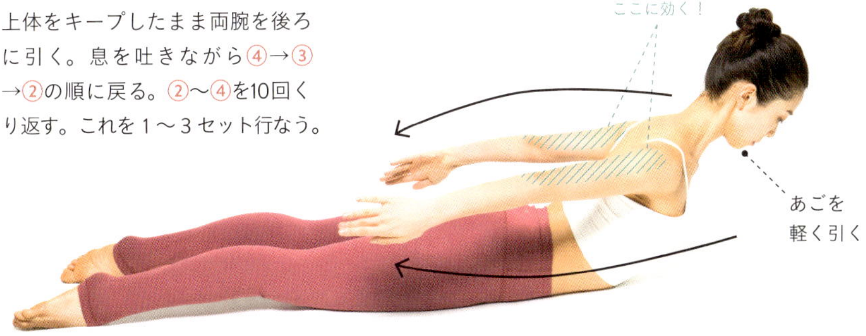

NG

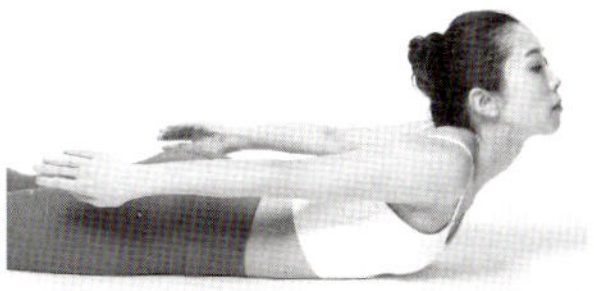

×あごが上がっている
×首の後ろが縮んでいる

背中引き締めエクサ③

胸郭を回旋させて背中を伸ばすエクササイズ。骨盤が傾きやすいので床と平行になるように意識するのがポイント。ウエストのくびれをつくりたい人にもおすすめです。

回数の目安

左右
3～5回ずつ

1 四つ這いになる

左手を胸に添えて息を吐く。

目線は斜め下
手は胸の前
肩の真下に手首
お腹を
薄く保つ
ひざは股関節の真下

2 腕を上げる

息を吸いながら胸から上体を
ひねって左腕を上げる。

骨盤は動かさない
ここに効く！

③ 腕をくぐらせる

息を吐きながら、左腕を右腕の下にくぐらせる。①〜③を3〜5回くり返し、反対側も同様に行なう。

骨盤は動かさない
手のひらは
上に向ける
目線は左手
肩は床につけない

猫背改善にも
なります！

NG

×腕に体重がのりすぎている
×背中が丸まっている
×お尻の位置が動いている

Upper arm

動画も参考に！
https://youtu.be/e0D0njc_1yc

二の腕のたるみを引き締める

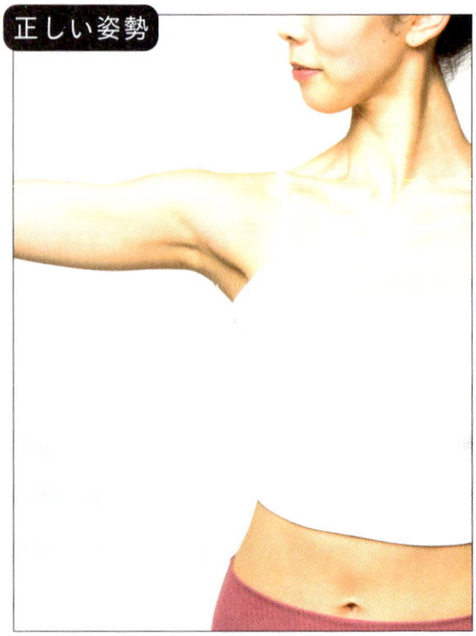

腕を後ろに引く動きで、二の腕の裏側を刺激する

薄着になる季節、半袖やノースリーブの服を着ると、二の腕のたるみが気になりませんか？　二の腕の筋肉はふだん使うことが少ないので、脂肪がつきやすく、意識して使わなければ引き締めることができません。

二の腕を引き締めるには、**二の腕の裏側の筋肉を使う**のがポイント。ここでのエクササイズはウエイトを使わないので、腕が太くなる心配はありません。負荷が足りない人は、水が入ったペットボトルを両手に持ちながら行なって。くの字の姿勢で行なうとお尻や下腹部にも効きますが、この姿勢がきつい人は、正座やあぐら、または立って行なってもOK。肩や首に力が入ってしまう人は、巻き肩、デコルテ、猫背に効くエクササイズ（P.33〜37、39、41〜45）もプラスしましょう。

二の腕引き締めエクサ①

腕をひねって二の腕を引き締めるエクササイズ。腕だけをひねるのではなく、肩関節や肩甲骨を大きく動かしてひねるのがポイント。肩まわりをすっきりさせる効果もあります。

回数の目安

10〜30回

① ひざ立ちになる

ひざ立ちでくの字の姿勢をつくる。背筋を伸ばして両腕を後ろに軽く引き、息を吐く。

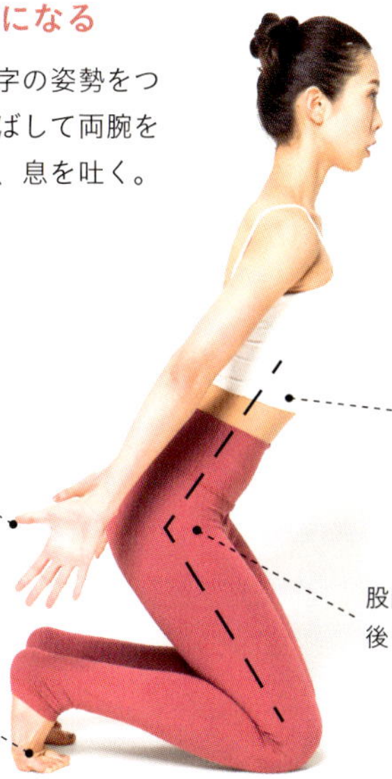

上体を少し前に倒す
手のひらが外側
股関節を後ろに引く
つま先を立てる

NG

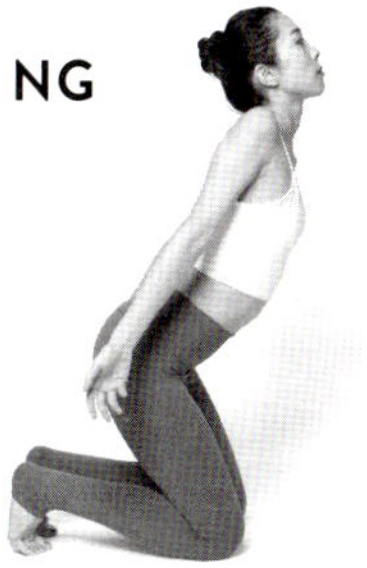

×あごが上がっている
×肩が上がっている
×腰が反りすぎている

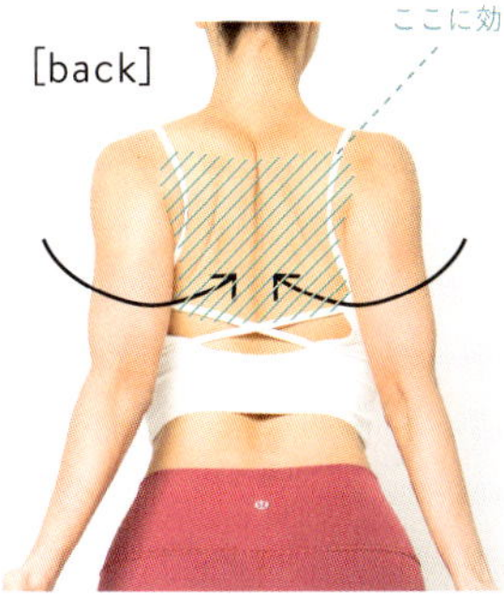

[back]
ここに効く！

胸を開いて肩甲骨を寄せる

ここに効く！
脇を締める
手のひらは外向き

② 腕を後ろにひねる

息を吸いながら、肩から両腕をひねる。①〜②を10〜30回くり返す。

二の腕引き締めエクサ②

手のひらを内側に寄せて、肩甲骨を寄せるエクササイズ。肩や首に力が入る人は、軽くあごを引き、胸を開くようなイメージで行なうようにしてください。

1 ひざ立ちになる

ひざ立ちでくの字の姿勢をつくる。背筋を伸ばして両腕を後ろに軽く引き、息を吸う。

目線は斜め下
ここに効く！
手のひらが内側
股関節を後ろに引く
つま先を立てる

回数の目安

10〜30回

NG

×骨盤が後傾している
×肩が上がっている
×背中が丸まっている

[back]

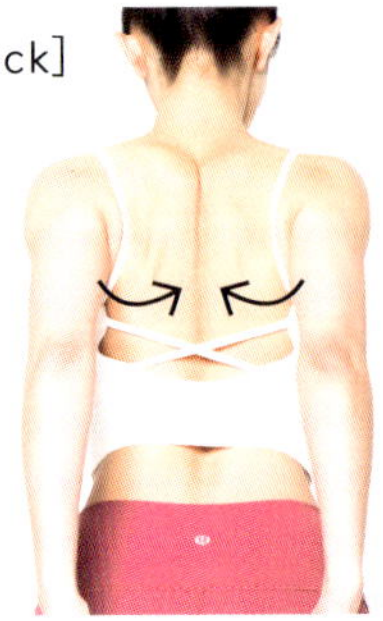

胸を開いて肩甲骨を寄せる

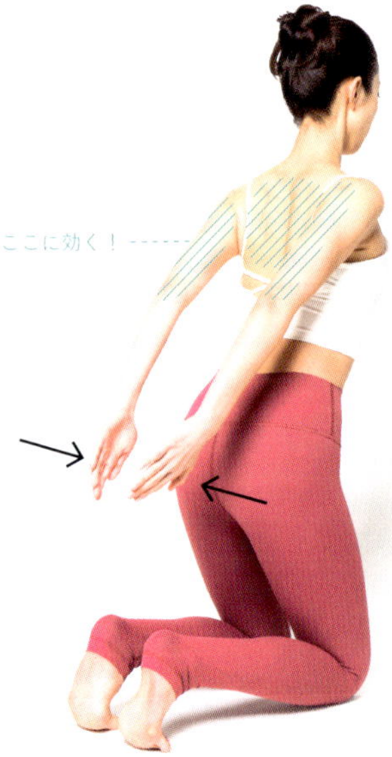
ここに効く！

2 腕を寄せる

息を吐きながら両腕を寄せ、肩甲骨を寄せる。①〜②を10〜30回くり返す。

二の腕引き締めエクサ③

脇を締め、ひじから下を動かすエクササイズ。腕全体が動くと効果が半減してしまうので、しっかり胸を開き、ひじを安定させたまま動かしていきましょう。

回数の目安

10〜30回

① ひざ立ちになる

ひざ立ちでくの字の姿勢をつくる。背筋を伸ばして両ひじを後ろに軽く引き、息を吸う。

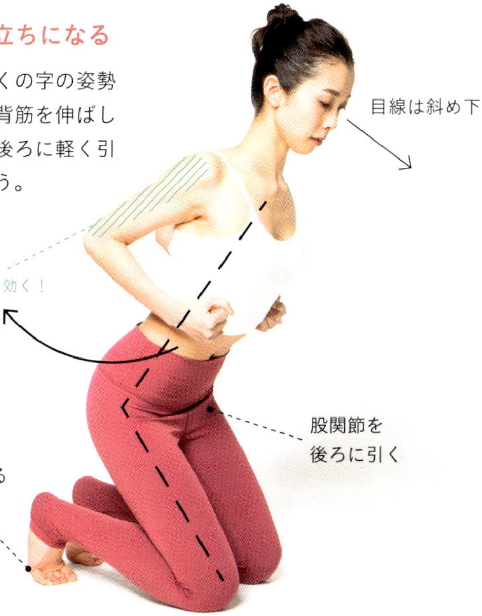

目線は斜め下
ここに効く！
股関節を後ろに引く
つま先を立てる

ここに効く！
肩甲骨を寄せる
ひじの位置はキープ

② 腕を伸ばす

息を吐きながら両腕を伸ばす。①〜②を10〜30回くり返す。

NG

×ひじが前にきている
×背中が丸まっている

動画も参考に！
https://youtu.be/qNR8vMFQqvc

脇のはみ肉をすっきり解消

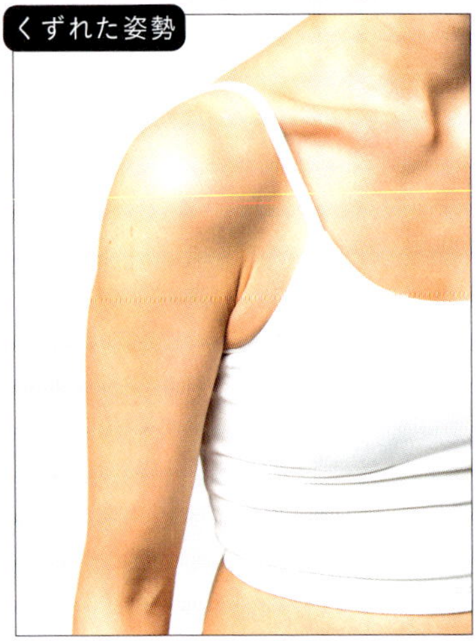

»

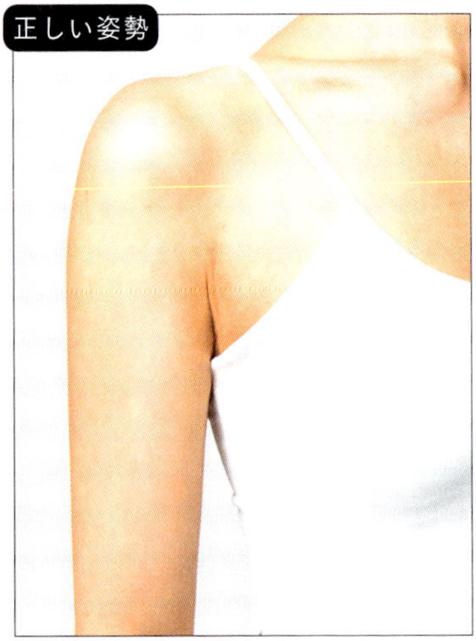

脇の下の筋肉を鍛えて、肩甲骨を安定させる

　ノースリーブやピタッとした服を着ると気になる脇のはみ肉。じつはこれ、姿勢の悪さや筋力の衰えが原因で、背中や脇の下からスライドしてきた肉なんです。やせていても、肩の位置が前にきていたり、背中が丸まっていたりすると、はみ肉はできてしまいます。そのまま放置していると、二の腕や背中もたるみ、だらしない体形になってしまうことも。

　脇についてしまった肉は、**体側をグッと引き上げる**エクササイズで解消していきましょう。巻き肩や猫背に効くエクササイズ（P.33〜37、P.41〜45）をプラスすることで、より引き締め効果が高まります。さらにプランク（P.86〜89）で体幹を安定させると、正しい姿勢を維持することができます。

体側引き締めエクサ

骨盤を高く持ち上げるのではなく、頭からひざまで一直線にするのがポイント。上から見たとき、ひざが前にきていたり、お尻を突き出したりしないように注意しましょう。

回数の目安

左右5~10回ずつ

① 横向きに寝る

両ひざを曲げて息を吸う。

左の手は腰に添える
両脚を揃える
ここに効く！
ひじは肩の真下

② 腰を引き上げる

息を吐きながら３秒キープする。
①～②を５～10回くり返し、反対側も同様に行なう。

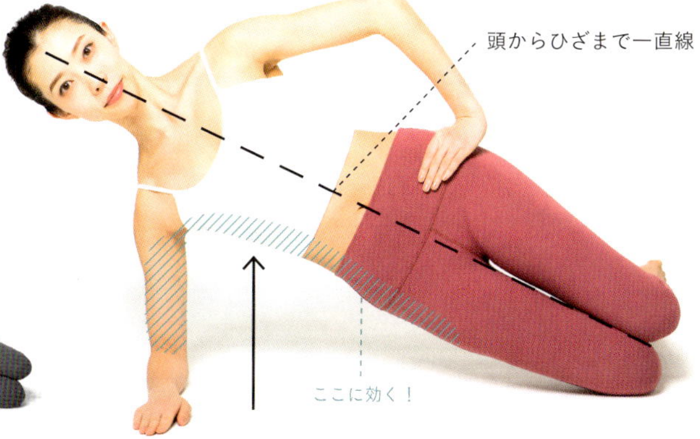

頭からひざまで一直線
ここに効く！

NG

×重心が左右にずれる
×体が前に倒れている

肩やひじを痛める原因に。

動画も参考に！
https://youtu.be/mtoaug67hHU

たれ尻を引き締めてヒップアップ

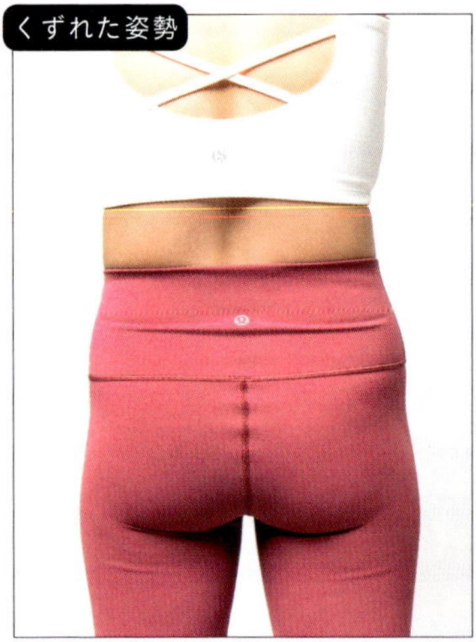

お尻の筋力をアップさせ、骨盤の位置を安定させる

　お尻がたれる原因は、老化現象に加え、骨盤のゆがみも大きく関係しています。姿勢が悪いとお尻の筋肉が使いにくくなり、筋力が低下するので、骨盤の位置が不安定になり、お尻の形がくずれてしまうのです。骨盤が後傾すると四角尻、前傾すると出っ尻になりやすいので、放置してはいけません。

　まずは**硬くなったお尻や股関節まわりをほぐし、お尻の筋肉を引き締め**ましょう。お尻の筋肉がしっかり使えるようになると、脚に過度な負担がかからなくなり、下半身が引き締まったり、疲れにくくなったりします。お尻の筋肉は大きいので、代謝が上がって太りにくくなるメリットも。お尻のエクササイズは、下半身のストレッチ（P.108〜113）でほぐしてから行なうとより効果が高まります。

お尻引き締めエクサ①

お尻の筋力をアップさせ、体幹を安定させるためのエクササイズ。股関節をしっかり動かしたいので、股関節のストレッチ（P.108〜109）をしてから行なうのがおすすめです。

回数の目安

左右10回ずつ

① 四つ這いになる

四つ這いになって息を吸う。

目線は斜め下
脚を閉じる
ひざは
股関節の真下
肩幅に開く
肩の真下に手首

② 右脚を真横に引き上げる

右脚を外側に上げ、息を吐きながら3秒キープして戻す。①〜②を10回くり返し、反対側も同様に行なう。

骨盤は床と平行
ここに効く！
ひざからつま先まで
まっすぐ

NG

×骨盤が傾いている
×腕に体重がのりすぎている

お尻引き締めエクササイズ②

お尻だけでなく、内ももや下腹部の引き締めにもなるエクササイズ。最初の姿勢がキープできない人は、ひざを痛める可能性があるので、ひざ下を少し後ろに持っていってもOK。

回数の目安

10～20回

1 両ひざを左に倒して座る

背筋を伸ばして息を吸う。

目線は正面
手は
股関節の上

2 お尻を持ち上げる

すねとひざで床を押し、息を吐きながらすばやくお尻を持ち上げる。

股関節から上体を起こす

③ 続けてひざ立ちになる

①〜③を10〜20回くり返す。

背筋を伸ばす
股関節の
前を開く
ここに効く！
ここに効く！
ひざの位置は動かさない

[横から見ると]

NG

OK

ここに効く！

×腰が反りすぎている

前ももに負荷がかかり、
お尻に効いていない。

○背筋が伸びている

頭からひざまでまっすぐで、
体幹が安定している。

お尻引き締めエクサ③

下腹部に力を入れ、骨盤を後傾させてから腰を持ち上げるのがポイント。もも裏の筋肉も使うので、お尻と脚の境目をつくりたい人にも効果的です。

回数の目安

5～10回を
1～3セット

1 あおむけになる

ひざを立てて息を吸う。

握りこぶし
1つ分開く

2 骨盤を後傾させる

腰椎を床に押しつけるように
骨盤を後傾させる。

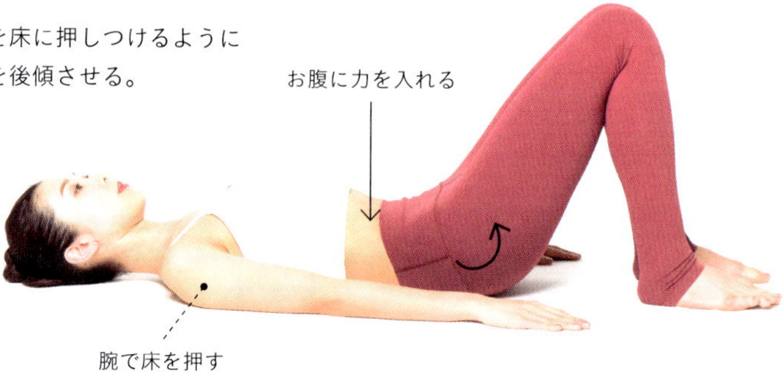
お腹に力を入れる
腕で床を押す

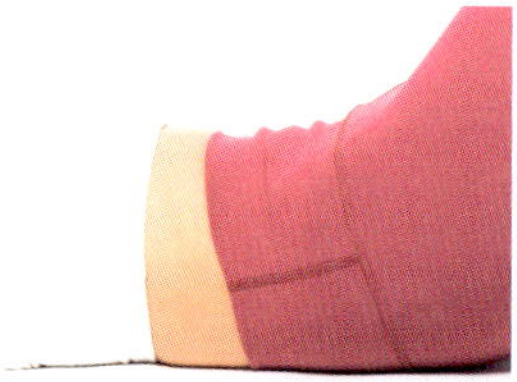

骨盤を後傾させて腰を
床につけた状態

③ お尻を持ち上げる

息を吐きながらお尻を持ち上げ、3秒キープ。息を吸い、吐きながら①に戻る。①〜③を5〜10回くり返す。これを1〜3セット行なう。

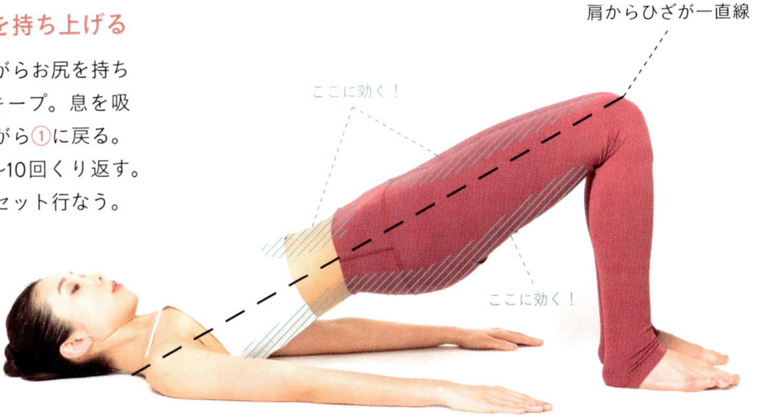
肩からひざが一直線
ここに効く！
ここに効く！

脚の引き締め
効果も期待
できます！

NG

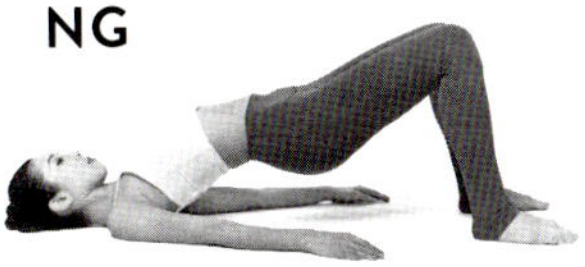

×足を開きすぎている
×つま先とひざの方向がバラバラになっている
×腰が落ちている

腰痛や前ももの張りの原因に。P.112のストレッチを先に行なうのがおすすめ。

Lower body

動画も参考に！
https://youtu.be/-HtLMCUu_0g

下半身を引き締めて美脚に

くずれた姿勢

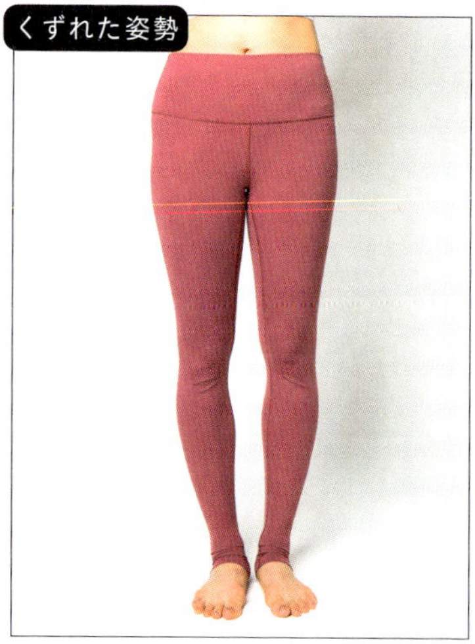

正しい姿勢

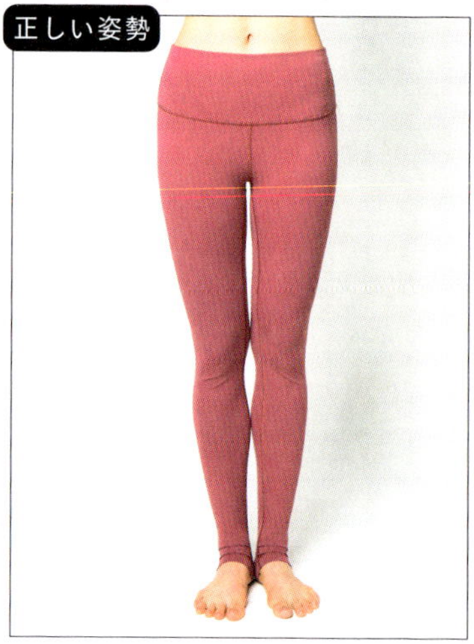

ふだん使わない内ももや、もも後ろの筋肉を目覚めさせる

姿勢が悪かったり、座りっぱなしの生活を続けていたりすると、内ももやもも後ろの筋力が衰え、外ももや前ももの筋肉ばかりを使うようになります。そのまま使いやすい筋肉ばかりを使っていると、外ももや前ももが張るだけでなく、脚全体が疲れやすくなってしまいます。

下半身を引き締めるには、**ふだん使わない内ももやもも後ろをしっかり使い、外ももや前ももの負担を軽減する**必要があります。足首や足の指もしっかり使って、引き締め効果を高めていきましょう。股関節のストレッチ（P.108〜109）とお尻引き締めエクサ（P.71〜75）をプラスすれば、股関節の動きがよくなり、お尻からもも後ろも引き締めることもできます。

内もも・もも後ろ引き締めエクサ

あごが上がらないように、おでこと手の甲をくっつけるのがポイント。脚を無理に高く上げると腰が反ってしまうので、足首が引っぱられているようなイメージで行ないましょう。

① うつぶせになる

顔の下で手を重ね、手の甲におでこをのせて息を吸う。

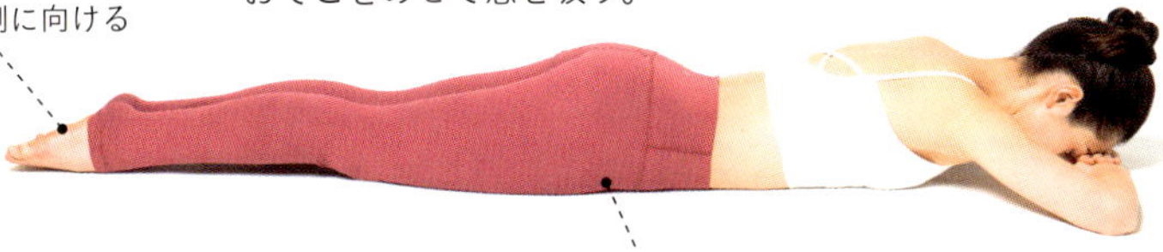
かかとをつけて
つま先は外側に向ける
恥骨は床につける

回数の目安

2〜3回

② 脚を持ち上げる

息を吐きながら、両脚を上げて30〜45秒キープする。①〜②を2〜3回くり返す。

ここに効く！
へそは軽く床から離す

NG

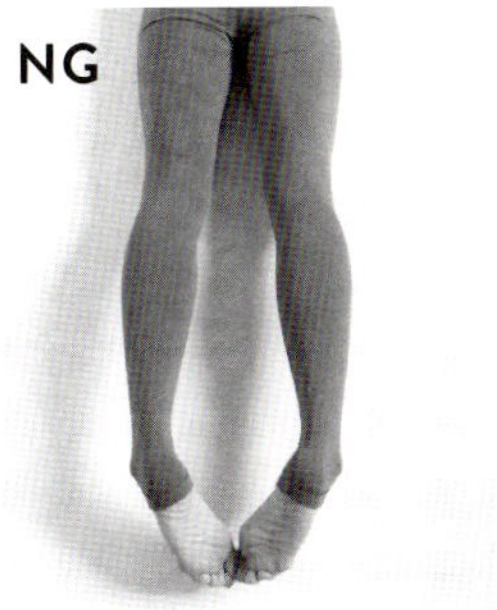

×ももとかかとが離れている

OK

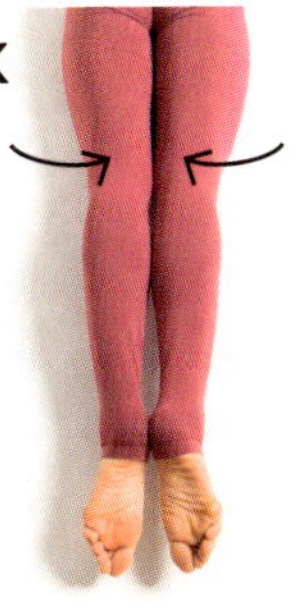

◯つま先を少し外に向け ももとかかとを 押し合うイメージでくっつける

内もも引き締めエクサ①

内ももを引き締めるエクササイズ。脇腹も同時に刺激することができます。脚を上げたとき、腰が上がりやすい人は、腰に添えた手でおさえて骨盤を安定させましょう。

1 横向きに寝る

左脚のひざを曲げて息を吸う。

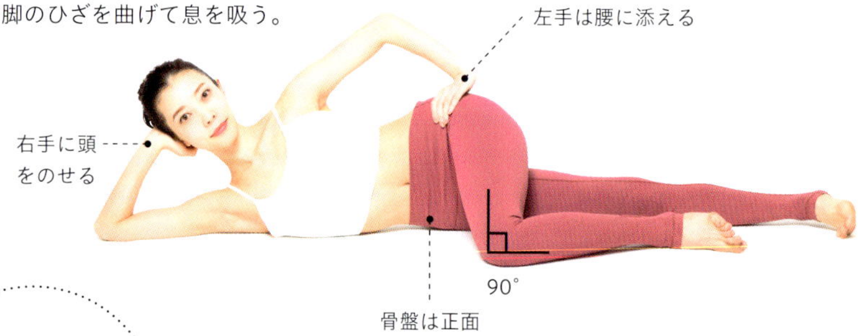

左手は腰に添える
右手に頭をのせる
90°
骨盤は正面

回数の目安

左右10～15回ずつ

2 脚を上げる

息を吐きながら右脚を上げる。①～②を10～15回くり返し、反対側も同様に行なう。

ここに効く！
かかとを押し出す

NG

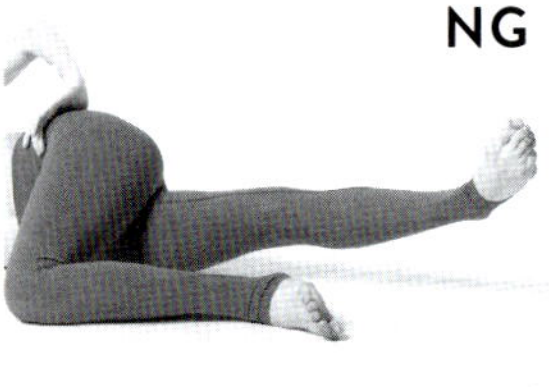

×内股になっている
×つま先が上を向いている

外ももに負荷がかかって
効果が出にくい。

内もも引き締めエクサ②

内ももだけでなく、横腹にも効くエクササイズ。ウエストのくびれづくりにも効果があります。バランスがとりにくい人は、頭を床へ下ろして行ないましょう。

① 横向きに寝て左脚を上げる

息を吸って左脚を上げ、
息を吐く。

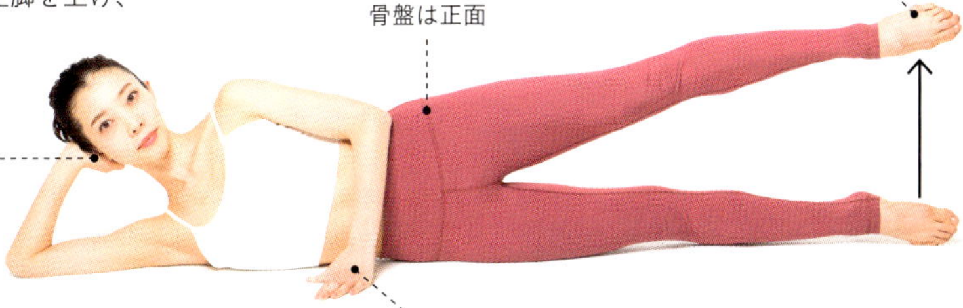
つま先は伸ばす
骨盤は正面
右手に頭をのせる
左手は体の前

回数の目安

左右10〜30回ずつ

② 右脚を上げる

息を吸って右脚を上げ、息を吐く。
①〜②を10〜30回くり返し、反対側も同様に行なう。

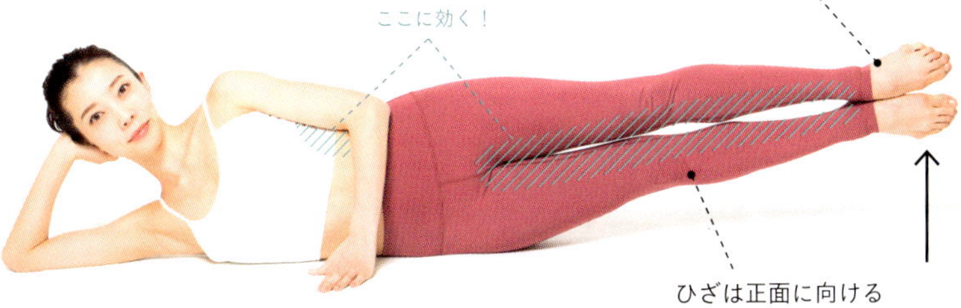
かかとを揃える
ここに効く！
ひざは正面に向ける

NG

×内股になっている

外ももに負荷がかかり、
脚が太くなる原因に。

もも後ろ引き締めエクサ①

お尻をキュッと上げ、下半身をすっきりさせるエクササイズ。骨盤が傾きやすいので、しっかり安定させて、お尻と脚の境目をつくっていきましょう。

回数の目安

左右10回ずつを1〜3セット

① 四つ這いになる

背筋を伸ばして息を吸う。

つま先を立てて
足を揃える
90°
目線は斜め下
肩幅に開く
両脚を閉じる
手首は肩の真下

② 脚を上げる

息を吐きながら右脚を上げる。

かかとは押し出
したまま
ここに効く！
骨盤は床と平行
ひざは下に
向ける
ここに効く！

③ 脚を伸ばす

息を吸って右脚を伸ばす。②～③を10回くり返し、反対側も同様に行なう。これを1～3セット行なう。

伸ばしきらない
ひざの位置をキープ

ヒップアップにも効果があります！

NG

×ひざが外を向いている
×腰が反りすぎている

力が分散してしまい、効果が出にくい。

もも後ろ引き締めエクサ②

脚をすっきりさせ、ももとお尻の境目をつくるエクササイズ。しっかり腰を丸めて行なうのがポイント。ぽっこりお腹の引き締めにも効果があります。

1 四つ這いになってひじをつく

腰を丸める
目線は斜め下
お腹に力を入れる
握りこぶしを合わせる
つま先を立てて足を揃える
両脚を閉じる
ひじは肩の真下

2 脚を伸ばす

息を吸いながら右脚を伸ばす。

骨盤は床と平行

回数の目安

左右10回ずつを1〜3セット

③ 脚を上げる

息を吸いながら右脚を上げる。②〜③を10回くり返し、反対側も同様に行ない、これを1〜3セット行なう。

肩からつま先までまっすぐ
ここに効く！

NG

×腕に体重がのりすぎている
×腰が反りすぎている

首や腰を痛める原因に。

腰が反りやすいので注意しましょう！

ふくらはぎ・足首引き締めエクサ

現役バレリーナも実践している、足首や足の指を使ったエクササイズ。脚のむくみがとれるだけでなく、足裏の強化で下半身が安定し、脚がすっきりします。

背筋を伸ばす
握りこぶし1つ分開く
ここに効く！

基本姿勢

両脚を伸ばして座る。
かかとは押し出しておく。

回数の目安

10回を1~3セット

1 足指を握る

2 足指を握った状態で足首を伸ばす

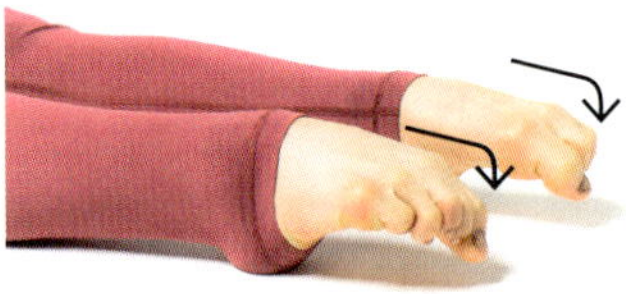

3 足指を伸ばす

4 かかとを押し出す

①～④を10回くり返す。これを1～3セット行なう。

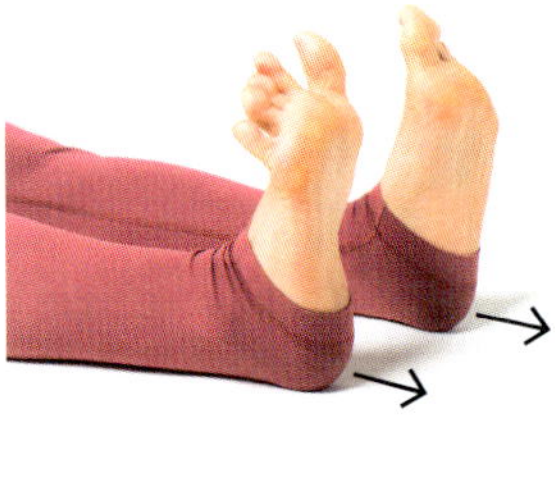

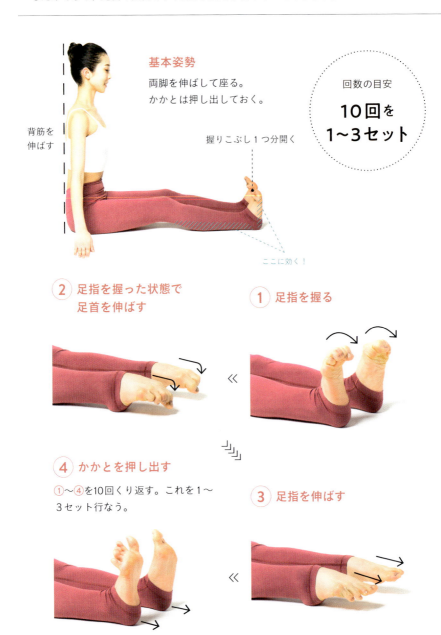

回数の目安

10回を
1～3セット

① かかとを押し出す

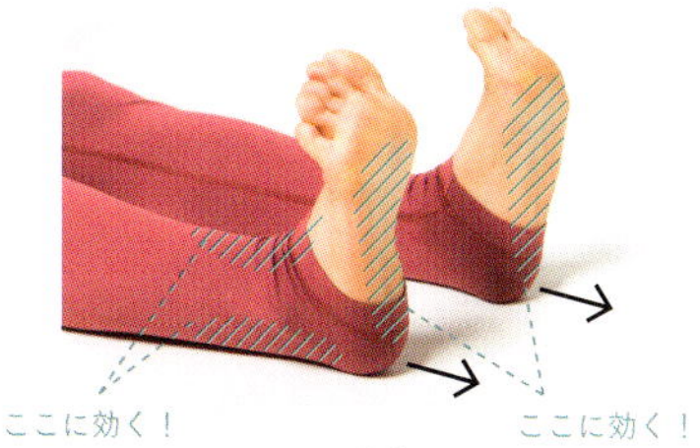
ここに効く！
ここに効く！

② 足指を反らした状態でつま先を伸ばす

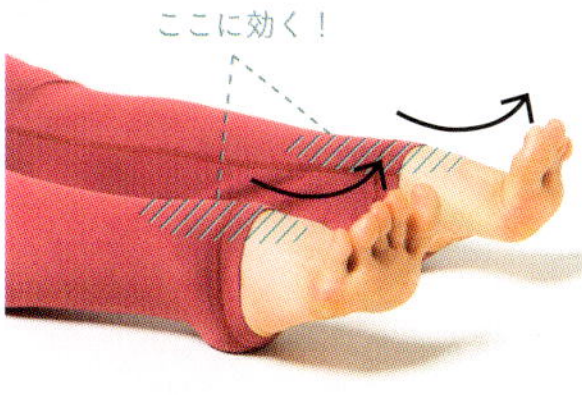
ここに効く！

③ 足指を伸ばす

③→②→①の順に戻る。これを10回くり返し、1～3セット行なう。

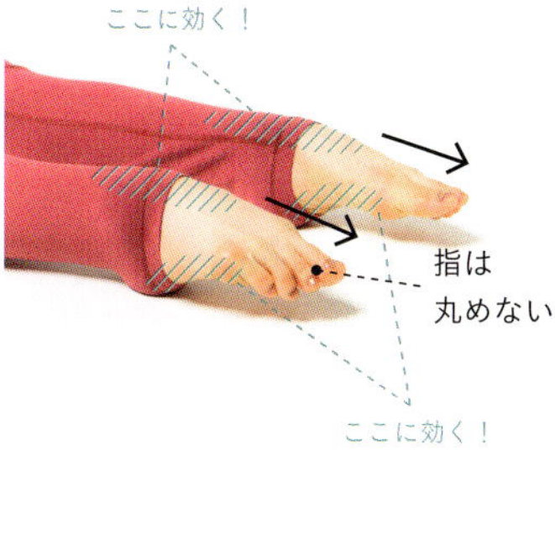
ここに効く！
指は
丸めない
ここに効く！

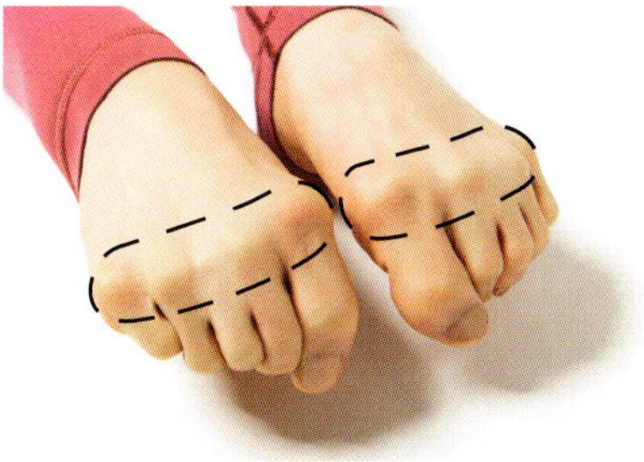

足をしっかり動かしていくと、指のつけ根の関節が手のこぶしのように隆起します。

［上から見ると］

OK

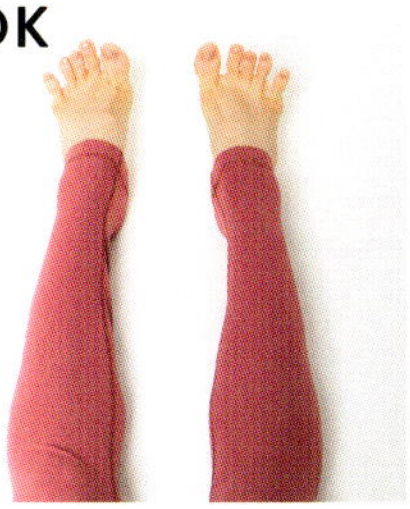

◯つま先、ひざ、股関節が一直線になっている

NG

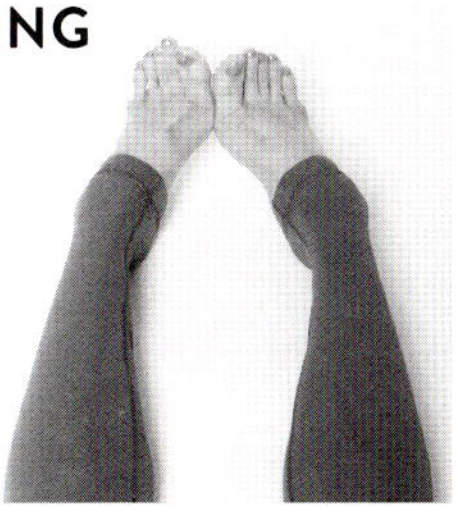

×内股になっている

ふくらはぎやももの張りの原因に。

美姿勢をキープさせるためのエクササイズ

美姿勢にはそれを維持するための筋肉が必要です。そこで、効率よく全身が鍛えられるプランクがおすすめ。長時間キープするより、短時間でも毎日正しいフォームで行ないましょう。

回数の目安

10～30秒キープ ×1～3回

フルプランク

お腹、背中、お尻の引き締めに効果的なフルプランク。頭や腰が下がりやすいので、しっかりお腹を引き上げることを意識しましょう。

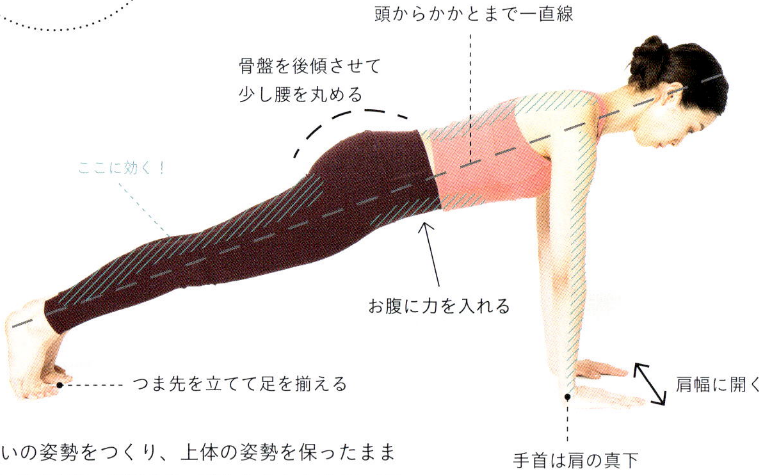
頭からかかとまで一直線
骨盤を後傾させて
少し腰を丸める
ここに効く！
お腹に力を入れる
つま先を立てて足を揃える
肩幅に開く
手首は肩の真下

四つ這いの姿勢をつくり、上体の姿勢を保ったまま片方ずつ脚を引いて伸ばす。頭からかかとまで一直線の状態で10～30秒キープ。これを１～３回行なう。

Easy きついときは

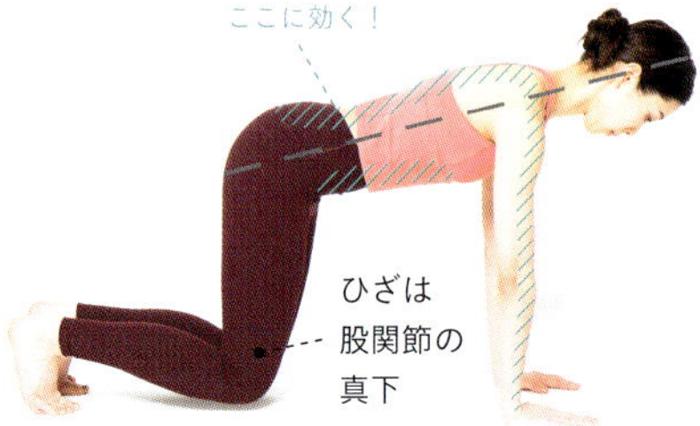
ここに効く！
ひざは
股関節の
真下

四つ這いの姿勢でひざを床から少し離し、10～30秒キープ。これを１～３回行なう。

回数の目安

10～30秒
キープ
×1～3回

エルボープランク

ひじを体に引き寄せるイメージで、しっかり床を押すのがポイント。お腹、背中、お尻だけでなく、二の腕の引き締め効果もあります。

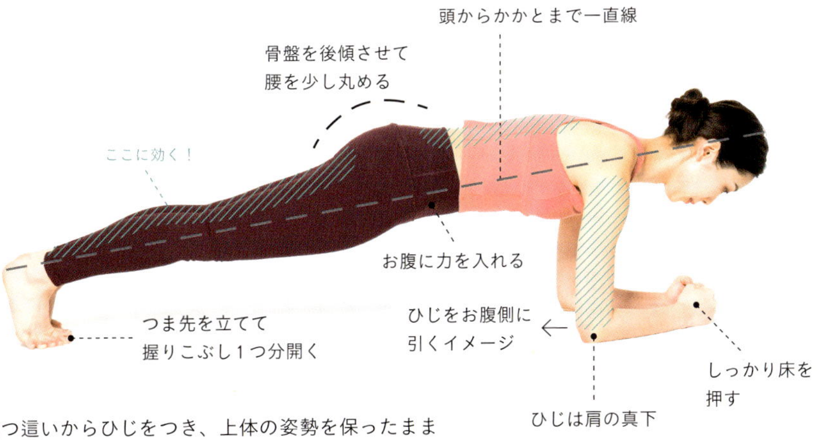
頭からかかとまで一直線
骨盤を後傾させて
腰を少し丸める
ここに効く！
お腹に力を入れる
ひじをお腹側に
引くイメージ
つま先を立てて
握りこぶし1つ分開く
しっかり床を
押す
ひじは肩の真下

四つ這いからひじをつき、上体の姿勢を保ったまま片方ずつ脚を後ろに引いて伸ばす。頭からかかとまで一直線の状態で10～30秒キープ。これを1～3回行なう。

Easy きついときは

足を揃える
ここに効く！

基本のエルボープランク（写真上）の姿勢から両ひざを床につき、ひざ下を持ち上げて10～30秒キープ。これを1～3回行なう。

サイドプランク

脇腹を集中的に鍛えられるサイドプランク。
肩の位置がずれるとひじを痛めやすいので、
上体はまっすぐに引き上げましょう。

回数の目安

10〜30秒
キープ
×左右1~3回ずつ

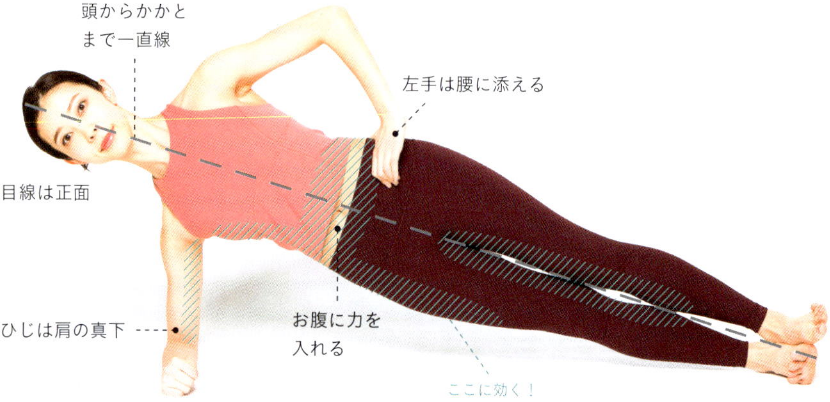

ひじをついて横向きになり、ひじで床を押して体を持ち上げ、頭からかかとまで一直線の状態で10〜30秒キープ。これを１〜３回行なう。反対側も同様に行なう。

Easy きついときは

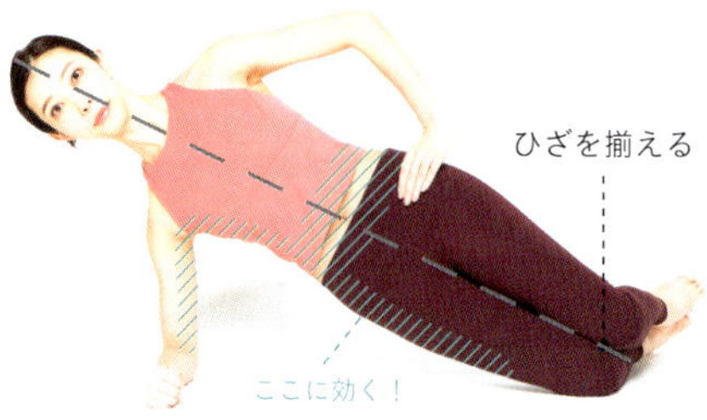

ひじをついて横向きになり、両ひざを曲げる。ひじで床を押して体を持ち上げ、頭からひざまで一直線の状態で10〜30秒キープ。これを１〜３回行なう。反対側も同様に行なう。

リバースプランク

体の後ろ側が鍛えられるリバースプランク。肩や手首が痛む人は、巻き肩や猫背のエクササイズを行なって、胸を開きましょう。

回数の目安
10〜30秒
キープ
×1〜3回

脚を伸ばして座り、肩の真下に手をつく。手で床を押して体を持ち上げ、頭からつま先まで一直線の状態で10〜30秒キープ。これを1〜3回行なう。

Easy きついときは

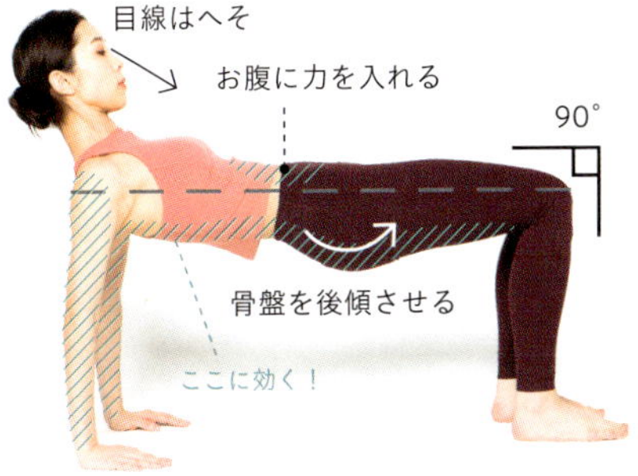

ひざを曲げて座り、肩の真下に手をつく。手で床を押して体を持ち上げ、ひざを直角に曲げ、お腹に力を入れて10〜30秒キープ。これを1〜3回行なう。

全身をととのえる
バレエクササイズ

全身のバランスを整えながら体幹を安定させ、バレリーナのような重力に負けない体をつくるエクササイズ。足の裏でしっかり床を踏めるように、素足で行なうのがおすすめです。

バレエエクササイズ基本編

バレエの基本動作を取り入れたエクササイズ。かかとを上げたときにふらつく人は、椅子の背もたれなどにつかまってもOK。

1 背筋を伸ばして立つ

両手を腰に添える
ひざとつま先の
向きを揃える
つま先を斜め45°開く
かかとをつける

回数の目安

10～20回

② まっすぐ腰を落とす

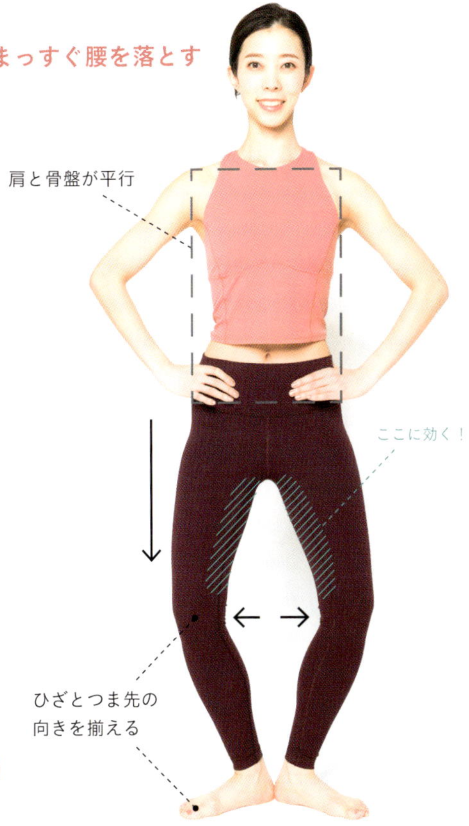

③ かかとを上げる

①〜③を10〜20回くり返す。

バレエクササイズ応用編

基本編に慣れたら、足幅を広げ、腕を使います。腰が反りやすいので、腕は頭の真上ではなく、少し前に持ってくるようにしましょう。

回数の目安

10〜20回

① 背筋を伸ばして立つ

体の前で楕円の
形をつくる
つま先を斜め45°開く
自分の足１足分くらい開く

② まっすぐ腰を落とす

両腕を上げながら両脚のひざを曲げて息を吸う。

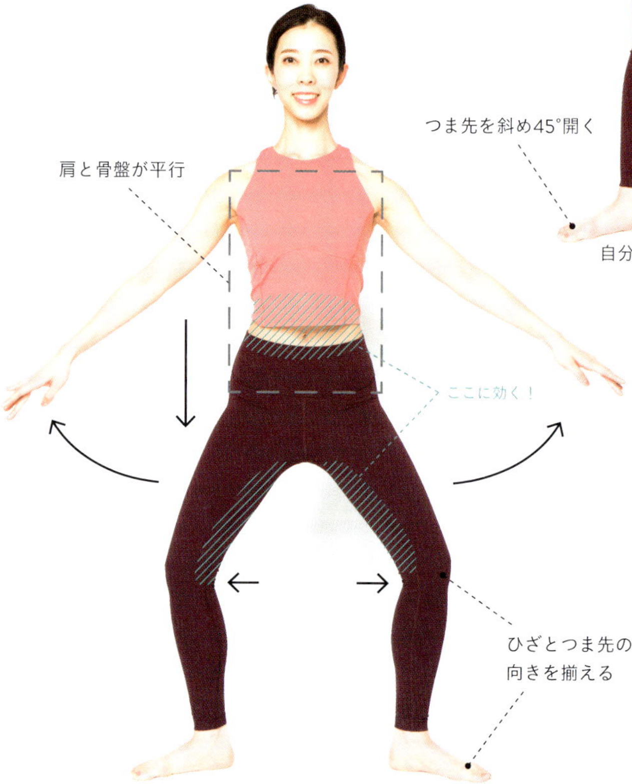

肩と骨盤が平行
ここに効く！
ひざとつま先の
向きを揃える

3 かかとと腕を上げる

両腕で楕円を描くように腕を上げる。①～③を10～20回くり返す。

バレエエクササイズのポイント

バレリーナは体重だけでなく、見た目の軽さも求められるので、重力に負けずに上体を引き上げることをつねに意識しています。引き上げるときは、背骨の縦の伸びを意識してしっかり足で床を踏み、頭が天井に引っぱられるイメージで行なうこと。肩の力を抜き、軽くあごを引いて首を長く保ちましょう。

A Ballerina's Tips

For
Maintaining Good
Posture

Habits

日常生活に取り入れたい美姿勢習慣

悪い姿勢を続けていると、その姿勢がラクだと感じるようになってしまいます。そうなる前に、日常での何気ない動きや姿勢を見直しましょう。ただし、意識したときだけ姿勢がよくても意味がありません。無意識に正しい姿勢をつくれるようになるにはエクササイズも必須です。

ダイエットのゴールは「居心地のいい体」と思えること

ダイエットのゴールは人によってさまざまですが、私は体重の増減や、食べることの恐怖から解放されることだと思っています。つまり、これを食べたら太るかな？という思いがなくなり、好きなものをおいしく食べられることです。

どんなにやせて自分の理想の体形に近づいたとしても、「食べてはだめ！」「もっと運動しなきゃ！」という思いに支配されてしまうと、どんどんつらくなります。

私も過度なダイエットをしていたころ、「食べた分だけ消費しなくては！」と、がむしゃらに運動していましたが、たくさん運動することでお腹が空き、さらに食べてしまう、という悪循環に陥りました。そして、「あの人は脚が細くていいな」とうらやんだり、「なんで私は太りやすいんだろう」とつねに悩んだりしていました。

そんな私がフィットネスに出合い、自分の心と体に向き合うようになってからは誰かと比べることがなくなりました。今は体重より、「自分自身が居心地のいい体であること」

が大切だと感じています。

私にとって「居心地のいい体」とは、心と体のバランスがとれていて、人と比べず、自分を受け入れられる状態のことです。もちろん、その体を維持するための運動をしたり、食事に気を配ったりもしています。でも以前のように細くなることが目的ではないので、体重計にはほとんどのりませんし、ダイエットをしているという感覚はありません。

だからどうか、「食べ過ぎてしまった！」「ぜんぜんやせない！」とご自身を責めないでくださいね。ときには食べすぎてもいいのです。すぐには脂肪になりませんから。

短時間で結果を出そうとせずに、長い目で見て、焦らず、けれど着実に、ご自身にとっての居心地のいい体をつくっていきましょう。

それを心がけることが、理想の体形をつくる近道になるはずです。

理想の立ち姿勢で「見た目体重」を減らす

まっすぐ立ったとき、頭、首、背骨、骨盤の真ん中が一直線上に揃っていて、重心がくるぶしの真下にきているのが正しい姿勢です（P.16〜19参照）。ふだんからラクな立ち方をしている人にとって、この姿勢はきついかもしれません。一見、まっすぐ立っているように見えても、姿勢を正そうと胸を張りすぎて、反り腰になっている人も多くいます。

正しい姿勢で立つには、それを維持するための筋肉が必要ですが、片足立ちや猫背の姿勢で立っていると、筋力が弱くなり、脚が太くなるだけでなく、疲れやすかったり、ひざや腰を痛めたりするので放置は禁物です。エクササイズで足裏から体を支えるための筋力をつけていきましょう。

立ち方を変えれば、「見た目体重」も変化します。バレエでは体を左右どちらかに向け、顔は前に向けて立つことが多いのですが、写真に写ったとき、すらりとして見えます。

正面から見ると

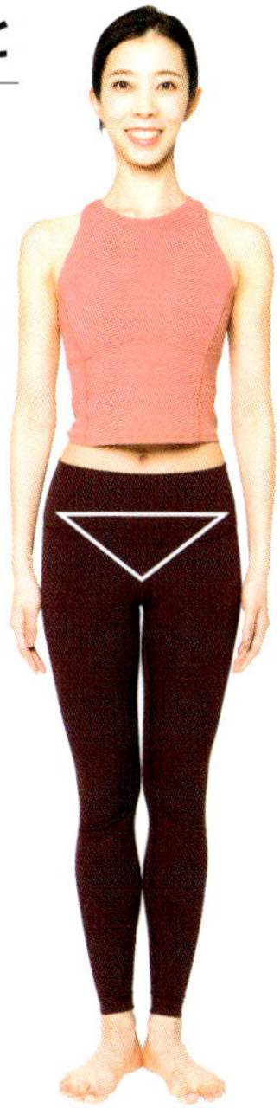

OK

つま先を斜め45°くらい開き、ひざとつま先の方向をそろえることで、お尻がキュッと締まり、内ももの引き締めにもなる。

NG

片足立ちすることで骨盤がゆがみ、下半身太りの原因に。腰痛など、体の不調にもつながる。

横から見ると

OK

頭から骨盤がまっすぐ一直線上に揃っていて、重心がくるぶしの真下にきている状態。

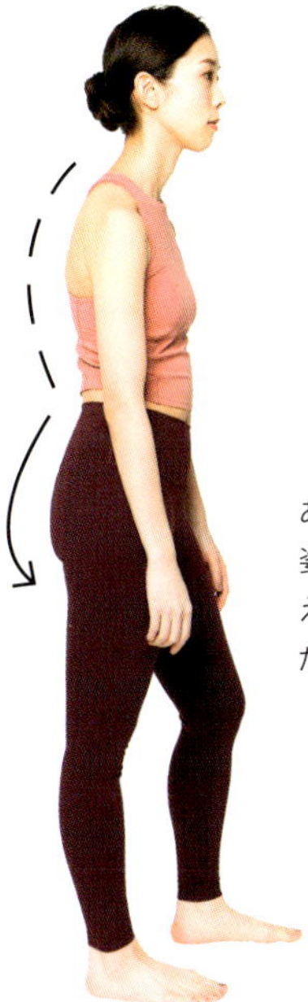

NG

あごが前に出て、猫背の姿勢に。お尻の筋肉が使えていないので、たるんだお尻になりやすい。

正しい姿勢で歩けば日常生活がエクササイズに

正しい立ち方をマスターしたら次は歩き方です。歩くことは全身運動になりますが、やみくもに歩いても体に負担がかかります。正しい脚の運び方は、**骨盤から重心を移動するイメージで股関節から脚を1歩踏み出し、後ろの足で地面を蹴る**。このくり返しです。ふくらはぎ・足首の引き締めエクサ（P.84〜85）を行なうと、足の指をしっかり使えます。**ひざとつま先の方向を揃える**ことも重要なポイント。まっすぐ歩いているつもりでも、内股やガニ股で歩いている人が意外と多くいます。

大股歩きは、ダイエットによさそうですが、姿勢のためにはよくありません。大股で歩くと骨盤をひねり、お尻や股関節の可動域を制限してしまいます。そうすると太ももやふくらはぎが張ったり、脚が太くなったりする原因に。悪い歩き方のクセを見直し、歩くだけでやせやすい体をつくっていきましょう。

正面から見ると

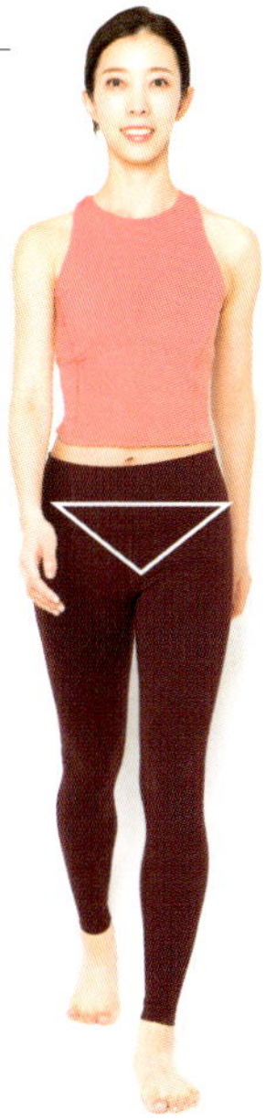

OK

つま先とひざが同じ方向に揃っていて、両肩と腰骨が床に対して平行になっている。

NG

かかと重心で、足を前に放り出した状態。骨盤が傾き、ねじれることで脚のゆがみにつながる。

横から見ると

OK

頭から骨盤が一直線になった状態。骨盤から重心を移動し、脚がついてくるように歩くのが◎。

NG

背中が丸まり、かかとからドスンと着地。脚を放り出すように歩くと、ふくらはぎが張りやすくなる。

無意識のクセを修正して美しい座り姿勢に

座り方で一番大切なのは、骨盤を立てること。**ASIS（骨盤の前側の出っ張り）と恥骨が垂直になっていて、頭、肋骨、骨盤の位置が揃っている**のが理想の座り方です。骨盤がずれた状態で座っていると、腰痛や肩こりになるだけでなく、内臓の機能が低下したり、呼吸が浅くなったり、健康面でも悪影響を及ぼす可能性があります。

骨盤をうまく立てられない人は、股関節やお尻まわり、もも後ろの硬さに原因があるので、股関節やお尻、もも後ろのストレッチ（P．108〜111）で柔軟性を高めましょう。お尻の下にクッションやたたんだタオルを入れて座り、高さを出すのもおすすめです。

正しい座り方ができるようになったら、無意識に悪い座り方のクセが出ないように、**プランク（P.86〜89）で姿勢をキープするための筋肉をつけて**いきましょう。日常生活で正しい立ち方や歩き方をするだけでも筋力アップにつながります。

美しく見える座り方

OK

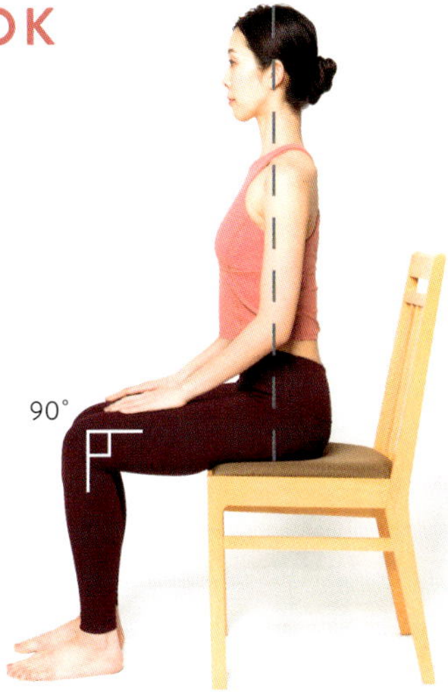

浅めに座って骨盤を立てる。足の裏全体を床につければ、体重の負荷を分散できる。

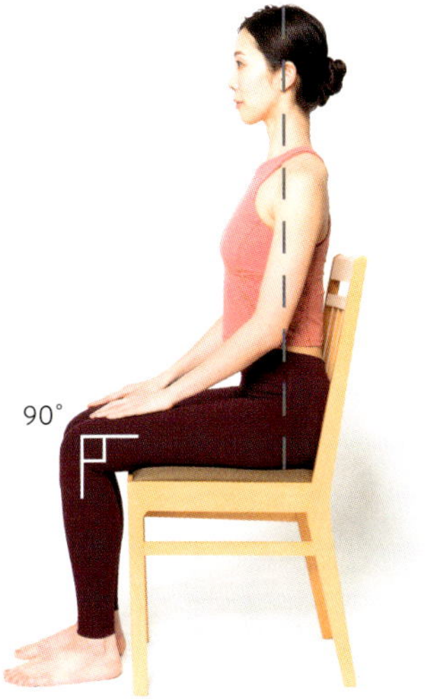

背もたれが直角の場合は、深く座っても骨盤が立ち、いい姿勢をキープしやすい。

NG

あごが上がり、骨盤が後ろに倒れた状態。見た目が悪いだけでなく、健康面にも悪影響が。

骨盤が前に倒れ、反り腰に。一見正しい姿勢に見えるが、腰に負担がかかるので要注意！

オフィスでできる座ったままストレッチ

デスクワークや座りっぱなしの姿勢が続くと、姿勢が悪くなるだけでなく、集中力が低下して仕事の効率もダウンします。そんなときにおすすめの座ったままできるストレッチをご紹介します。

回数の目安

10回

背骨のストレッチ

① 両腕を上げる

椅子に座って背筋を伸ばし、両腕を上げながら息を吸う。

手を重ねる
ここに効く！
ここに効く！

② 上体を倒す

息を吐きながら上体を前に倒し、①〜②を10回くり返す。

ここに効く！
背中を丸める
ここに効く！
お腹に力を入れる
ここに効く！

時間の目安

30秒

胸のストレッチ

胸郭を回旋する

椅子に座り、背筋を伸ばす。息を吸いながら上体を左にひねる。反対側も同様に行ない、左右交互にくり返す。

目線は後ろ
ここに効く！
ここに効く！
骨盤は正面

お尻のストレッチ

① 右ももに左足首をのせる

椅子に座り、右ももに左足首をのせる。背筋を伸ばして息を吸う。

時間の目安

左右30〜60秒ずつ

ここに効く！

② 上体を倒す

息を吐きながら上体を前に倒し、①〜②をゆっくりくり返す。反対側も同様に行なう。きつかったら①だけ行なってもOK。

背筋を伸ばす
ここに効く！
坐骨を後ろへ
股関節を
折りたたむイメージ

無理は禁物！食べすぎたら次の日の食事でリカバリー

過度なダイエットをしていたころは、極限まで食事制限をして、好きなものも我慢していましたが、今はとくに食事制限をしていません。食べることが好きなので、腹筋を割りたいとか、ストイックな体づくりをしたいとは思っていないんです。

ダイエットしていたころは、甘いもの中毒になっていました。甘いものって、食べれば食べるほど、欲しくなってしまうものなんです。今もときどき甘いものは食べますが、**きちんとごはんを食べるようになったら、自然と甘いものを欲しなく**なりました。

とはいえ、私はもともと太りやすいので、**できるだけたんぱく質や野菜を多く摂ったり、食べすぎたらすぐリカバリーしたりする**ようにしています。たとえば、その日の運動量に合わせて炭水化物の量を調整したり、栄養バランスが偏った日は、足りない栄養を翌日の食事で補ったり、無理のない範囲で気をつけるようにしています。

ある日の食事

私のふだんのメニュー例をご紹介。ストイックな食事制限はしていませんが、運動量の少ない日やお酒を飲む日は炭水化物を減らしたり、野菜や豆腐でかさ増ししたりしています。

運動する日

仕事で運動する日のメニュー。少ない日は炭水化物を控えめに。おやつのチョコレートは、小分けになったもので食べすぎを防止。

朝食

・カフェオレ
・フルーツ

昼食

・牛肉のきんぴら
・おにぎり
・サラダ

間食

・チョコレート

夕食

・ほうれん草のおひたし
・かぼちゃの煮つけ　・卵焼き
・ぶりの照り焼き　・ご飯

休みの日

ゆったり過ごす日は、野菜やフルーツ中心のメニューに。夜はお酒を飲むことが多いので、できるだけ炭水化物は控えています。

朝食

・フルーツ
・カフェオレ

昼食

・卵、アボカド、レタス、ライ麦パンのサンドイッチ
・コーヒー

夕食

・キャベツ、ねぎ、にら、鶏胸肉のヘルシー棒餃子
・ハイボール

食べすぎた日の翌日

食べすぎた日の翌日はあまりお腹がすかないので、無理には食べません。できるだけ胃を休めるようにしています。

朝食

・カフェオレ

昼食

・サラダ、フルーツ

夕食

・きのこと鶏もも肉のトマト煮

習慣にしたいストレッチ

ストレッチは、硬くなった筋肉をほぐし、体を動かしやすくするための環境づくりのようなもの。エクササイズ初心者は、まずお風呂上がりのストレッチから始めてみてください。

＼股関節の動きをよくして
腰痛予防。脚やせ効果も！／

股関節のストレッチ①

1 四つ這いになる

四つ這いになって息を吸う。

目線は斜め下
足を揃える
骨盤の
幅に開く
肩の真下に手首
肩幅に開く

回数の目安

10～20回

頭からお尻まで一直線
お尻は無理に足につけなくてOK
ここに効く！

2 お尻を引く

息を吐きながらお尻を引く。
①～②を10～20回くり返す。

お尻の筋肉をほぐして
股関節を柔らかく

股関節のストレッチ②

回数の目安

5〜10回

1 ひざを立てて座る

背筋を伸ばして息を吸う。

お尻よりやや後ろに
両手をつく
ここに効く！
肩幅よりやや広く開く

2 左脚を倒す

息を吐きながら左脚を内側に倒し、息を吸いながら①の体勢に戻す。

お尻は
床につけたまま
ここに効く！

3 右脚を倒す

息を吐きながら右脚を内側に倒し、息を吸いながら①の体勢に戻す。②〜③を５〜10回くり返す。

お尻の筋肉を伸ばして
股関節の柔軟性も高める

お尻のストレッチ

時間の目安

左右30秒ずつ

1 あぐらをかく

背筋を伸ばして息を吸う。

背筋は伸ばしたまま
ここに効く！

2 上体を倒す

両腕を前に伸ばし、息を吐きながら遠くに上体を倒して30秒キープする。脚を入れ替えて同様に行なう。

余裕があったら

ひざに足首を
のせて行なう

もも後ろの血流をよくして
冷えやむくみを防止

もも後ろのストレッチ

時間の目安
左右30秒ずつ

① 左脚を伸ばして座る

右脚は内側に曲げる。背筋を伸ばして息を吸う。

ひざは無理に伸ばさない
ここに効く！
かかとを押し出す

② 上体を倒す

息を吐きながら上体を股関節から倒して30秒キープする。脚を入れ替えて同様に行なう。

背筋は伸ばしたまま
ここに効く！

回数の目安

左右30秒ずつ

前ももの張りを解消して
すっきりした脚に

前もものストレッチ

左手は頭の下
左側を床につける

1 横向きに寝る

右手で右足首をつかみ、骨盤を後傾させて息を吸う。

2 脚を後ろに引く

息を吐きながら右脚を後ろに引き、30秒キープする。反対側も同様に行なう。

骨盤を後傾させる
骨盤を後傾させて
腰は軽く丸める
ここに効く！

体側を伸ばしながら
内ももともも後ろもほぐす

脇・内もも・もも後ろのストレッチ

① 左脚を伸ばして座る

右脚は内側に曲げる。背筋を伸ばして息を吐く。

ひざと足の甲を天井に向ける
脚は無理に開かなくてOK
ここに効く！

回数の目安

左右
3〜5回ずつ

② 上体を倒す

息を吸いながら右手を上げ、上体を真横に倒す。息を吐きながら①の体勢に戻る。①〜②を3〜5回くり返し、反対側も同様に行なう。

上に引っ張られるイメージ
ここに効く！

回数の目安

左右2回ずつ

柔軟性を高めながら
背中と腰のこりを解消

背中と腰のストレッチ

1 横座りをする

正座の姿勢からお尻を右にずらして座る。背筋を伸ばして息を吐く。

2 上体を真横に倒す

息を吸いながら右手を上げ、上体を左真横に倒す。

③ 上体を斜め前に倒す

息を吐きながら背中を丸め、
上体を斜め前に倒す。

目線はへそ
ここに効く！

手のひらは外向き
目線は右手
ここに効く！

④ 上体を起こす

息を吸いながら上体をぐるっと右に回して起こす。②〜④を2回くり返し、反対側も同様に行なう。

寝る前にできるストレッチ

ベッドや布団の上でできる簡単ストレッチで、脚のむくみや一日の疲れをリセット。転がりながら背中をマッサージすれば、寝つきがよくなり、質のよい眠りにつながります。

時間の目安

10～30秒

手足を揺らして緊張をほぐし
冷えやむくみを解消！

手足バタバタストレッチ

あおむけになって両手足を上げる。両手足を小刻みに揺らしたり、かかとでお尻ともも の境目あたりをたたいたりする。

ゆりかごのように転がって
硬くなった背中をマッサージ

ゴロゴロ背中ストレッチ

回数の目安

3〜5回

1 ひざを曲げて座る

ひざを持ち上げて90°に曲げ、
ひざ裏に手を添えて息を吐く。

2 上体を倒す

息を吸いながら腰を丸め、
上体を後ろに倒す。

3 後ろに転がる

背骨の1つ1つを動かして後ろに転がり、息を吐きながら①の姿勢に戻る。①〜③を3〜5回くり返す。

おわりに

以前はとにかく目の前のことに必死で、根本的な解決に目を向けず、やみくもに運動したり、過度なダイエットをしたりして、自分を大切にできずにいました。その結果、激しい体重の増減やケガに苦しんできました。

体を動かすことは、シンプルに気持ちのいいこと。そう気づいてからは、自分と向き合うようになり、心と体のバランスがとれるようになりました。そして、たどり着いたのが、姿勢改善とそれを維持するための筋力を高める「やせる姿勢」です。

今まで30代から80代の生徒さんを指導させていただいて確信したことが2つあります。1つは、人は何歳からでも変われるということ。もう1つは、継続することの大切さです。

忙しい日常に、体を動かす時間を少しつくってみてください。そうすることで、小さな変化に気づき、その積み重ねがやがて体に大きな変化をもたらすはずです。

続けることは決して簡単なことではありませんが、この本をきっかけにご自身の体に向き合い、楽しい時間にしていただけたらうれしく思います。

最後まで読んでくださったみなさんに、私の好きな〝意志あるところに道は開ける〟という言葉を贈ります。

２０２１年春　佐川裕香

Instagram　YouTube

佐川裕香（さがわ ゆうか）

三重県出身。5歳でバレエを始め、数々のコンクールで入賞。2009年よりカンヌロゼラハイタワーに留学し、帰国後Kバレエカンパニーに入団。退団後、バレエだけではなく、加圧トレーニング、ピラティス、マスターストレッチ、ズンバ、バーワークス®などの資格を習得し、多数の大手ジムでインストラクターとして活動する。現在、自身主催の対面、オンラインレッスンでピラティスやボディメイク、大人バレエを教えるほか、InstagramやYouTubeなどで家でできるエクササイズやストレッチを発信している。
Instagram　https://www.instagram.com/ yuuka_08/
YouTube　https://www.youtube.com/channel/UCISg6B0UZg0zcUN6jkoDLNw

バレリーナ式《しき》 やせる姿《し》勢《せい》

2021年4月1日　初版発行

著者／佐《さ》川《がわ》 裕《ゆう》香《か》
発行者／青柳 昌行
発行／株式会社KADOKAWA
〒102-8177　東京都千代田区富士見2-13-3
電話0570-002-301（ナビダイヤル）
印刷所／凸版印刷株式会社

●お問い合わせ
https://www.kadokawa.co.jp/（「お問い合わせ」へお進みください）
※内容によっては、お答えできない場合があります。
※サポートは日本国内のみとさせていただきます。
※ Japanese text only
定価はカバーに表示してあります。

ISBN 978-4-04-896945-1　C0077